I0178548

Transfórmate

Transfórmate

DESCUBRE TU PODER MÁGICO
Y CREA UN NUEVO ESTILO DE VIDA

ALICIA J MILLER

Todos los derechos reservados.

Ninguna parte de esta publicación debe ser reproducida, almacenada en algún sistema de recuperación de datos o transmitida en cualquier forma o mediante cualquier medio electrónico, mecánico, fotocopia, grabación u otros medios, sin el permiso escrito previo del
CUATRO CORP.

Copyright © 2017 Alicia J. Miller
Ali@AliciaJMiller.com

ISBN 978-0-9975887-4-3

CUATRO CORP.
IRVINE. CALIFORNIA

Transfórmate está dedicado especialmente a la memoria de mi adorada madre, Alicia C. de Jaramillo, quien fue mi inspiración y motivación. Ella siempre nos inculcó a mantenernos saludables y tener un buen estado físico. También nos guio a ser seres emocionalmente inteligentes, lo cual creo que es algo muy relevante de lograr. Gracias madre.

También va dedicado a todas las mujeres, hombres y niños que en este momento estén pasando por dificultades tanto físicas como emocionales. Todos necesitamos hacer cambios que nos ayuden a mejorar y transformar nuestras vidas si realmente lo deseamos. Yo sé que este libro te inspirará de una u otra manera.

Contenido

Prólogo

¿Sabías que tu salud física y emocional es un reflejo de las acciones y decisiones que llevas a cabo diariamente? Si tu respuesta es negativa, este libro te enseñará a hacer cambios tanto físicos como emocionales para que logres transformarte.

Esta obra no contiene dietas ni programas especiales para adelgazar; simplemente es una guía que te puede ayudar a reemplazar hábitos negativos con hábitos saludables y positivos, tanto en el aspecto emocional como físico.

Soy un testimonio vivo de todos estos cambios. Hoy comparto contigo, de una manera simple y concisa, los métodos que me ayudaron a lograr mi transformación.

En esta época consumista, quienes buscan soluciones, desean que estas sean mágicas, rápidas y que impliquen el menor esfuerzo posible para transformarse de forma física y emocional. Sin embargo, una verdadera transformación de este tipo requiere determinación y mucha paciencia . . .

Este libro te será de gran ayuda, recuerda que para transformarte debes estar comprometido con esta causa.

En nuestros tiempos, muchas personas se están enfermando y muriendo desde tempranas edades. La razón es simple: no tienen la más mínima idea de la importancia que conlleva tener un estilo de vida saludable, diferente al que han estado acostumbrados a vivir generación tras generación. Nadie ha tenido la oportunidad de ser informado y educado de una manera específica respecto a esto.

Por esta razón, debemos prepararnos, educarnos e informarnos lo más que podamos para así evitar nuestros propios "suicidios", que muchos de nosotros estamos llevando a cabo día a día lentamente.

Tus cambios no solamente serán físicos, sino también emocionales, pues ambos aspectos van ligados. Mejorando tu salud, obtendrás vitalidad, energía y amarás la vida y a ti mismo. Los cambios que puedas hacer, aunque sean pequeños, serán de gran importancia.

Hemos estado programados desde bebés para seguir la tradición de nuestros antepasados pensando que todo lo que estamos consumiendo nos va a beneficiar, pero lamentablemente no es cierto.

Todos los días estamos cometiendo los mismos errores. Para poder cambiar todos estos malos hábitos, debemos saber lo que estamos poniendo en nuestras bocas y también lo que estamos pensando.

Si no sabes cómo, en este libro aprenderás cómo comer, limpiar, ejercitar y también cómo manejar tus emociones de la forma correcta, ya que estas también juegan un rol vital en tu vida. La reprogramación de tu mente es algo crucial. Esto lo lograrás con afirmaciones, vibraciones positivas, visualización y meditación.

Además, te voy a enseñar dos sistemas que son realmente efectivos para realizar ese sueño que todos deseamos. También te voy a revelar cinco principios que son cruciales para toda persona que quiera un cambio radical, tanto físico como mental, pues esta conexión mente-cuerpo es la clave para una trasformación completa.

Como bien sabemos, para mantener una salud óptima tanto física como emocional, debemos tener un plan específico que nos llevará a lograr la meta ideal. Este libro te lo proporcionará.

Los cambios son oportunidades maravillosas que nos brinda la vida, los cuales ocurren si queremos tomar las riendas y realizarlos. *Transformación* significa cambio o metamorfosis; depende de ti tener un mejor mañana. No dejes que el miedo a los cambios frene tu vida, ya que mereces lo mejor.

Ya no hay más excusas para dejar atrás tu estilo de vida destructivo. No te quedes atrás: sigue triunfando, aprendiendo y mejorando día a día.

— Nota —

Toda información y datos científicos contenidos en este libro no pretenden reemplazar ningún tratamiento recomendado por tu médico.
Consulta con él siempre antes de consumir algún suplemento o pastillas naturales, así como también al practicar cualquier clase de ejercicio.

¡¡¡Transfórmate!!!

Transfórmate

Introducción

Transformando nuestros vidas

En los últimos años, la gran cantidad de información e investigaciones en el campo nutricional ha revelado las formas en que los alimentos nos afectan, causándonos grandes desastres en nuestra salud física y mental, pero también nos ha presentado los alimentos que son beneficiosos para poder gozar de una salud óptima y balanceada.

Las enfermedades más comunes en esta época son el cáncer, enfermedades cardiovasculares, diabetes, obesidad y enfermedades venéreas. Estas patologías son causadas por una sobrecarga de toxinas acumuladas en nuestro sistema inmunológico, todo esto debido al consumo de alimentos procesados y comida chatarra, los cuales hemos consumido generación tras generación.

Estadísticas y estudios recientes llevados a cabo por diferentes universidades en los Estados Unidos, Inglaterra, Suiza y Canadá, han concluido que hay una cantidad considerable de factores afectando nuestra salud de diferentes maneras, como por ejemplo, la nutrición, nuestros alrededores (donde vivimos, trabajamos, nos educamos, etc.), y uno de los más importantes: las emociones; estos factores influyen tremendamente en nuestra salud física y mental.

A continuación, te hablaré detalladamente sobre cinco principios que te llevarán a obtener muy buenos resultados. Debes seguir estos pasos al pie de la letra para evitar sufrir desastres físicos y emocionales. Estamos rodeados de gente tóxica, alimentos tóxicos y ambientes tóxicos. ¡Aquí aprenderás como liberarte de tanta toxicidad!

Con respecto a las emociones, también aprenderás la verdad sobre cómo van ligadas a tu salud física. Al hacer cambios en tu cuerpo y emociones, vas a experimentar algo maravilloso: te transformarás.

Cinco principios que cambiarán tu vida de una manera mágica

1 — Controla tus emociones

Este principio habla acerca de la importancia de la conexión cuerpo y mente, la cual es fundamental para mantener una óptima salud. Si tienes una buena salud física, pero no así una mental (o viceversa), ocurrirá un desbalance, el cual atentará contra tu salud. Si quieres tener una salud balanceada, debes reconocer la vital importancia de:

- Una alimentación balanceada
- Ejercicio
- Buen dormir
- Socializar y compartir

Respecto a tu salud mental, debes tener en cuenta estas emociones negativas, las cuales son causadas por una serie de situaciones que todos hemos vivido:

- Miedo
- Rabia
- Resentimiento
- Envidia
- Celos

Las emociones van ligadas mano a mano con nuestra salud, por esto debes aprender a manejarlas de una manera eficaz.

2 — Limpiar y balancear

Muchas veces ignoramos síntomas que nos están dando señales de que algo anormal está ocurriendo en nuestros órganos. La proliferación de parásitos, moho, bacterias, hongos, cándida y placa intestinal o arterial nos puede traer una gran cantidad de consecuencias. Este principio te dará una guía general sobre cómo puedes desintoxicar tus órganos de varias maneras eficaces y naturales, logrando una mejor absorción de los alimentos y una limpieza total.

3 — Tú decides

Este principio te entregará una guía completa de los alimentos que sanan y destruyen tu salud de una manera casi irreparable. Te explicará más a fondo la importancia diaria de saber nutrir y balancear tu cuerpo, tanto interna como externamente. Además, te informarás de los alimentos procesados más tóxicos del planeta, como también de los más sanos y naturales que existen en nuestra madre naturaleza.

4 — Muévete

A la mayoría de la gente no le gusta hacer ejercicios o mantenerse activos. Siempre va haber una excusa para no hacerlo. Sin embargo, durante estos últimos treinta años, y sobretodo recientemente, la población está más consciente de la importancia de moverse. No importa la cantidad de horas que hagas ejercicio. La clave está en que seas constante y practiques diariamente por lo menos unos 30 minutos. Hay una gran cantidad de actividades que puedes realizar sin problemas, no importa cuál sea tu edad. El ejercicio es crucial para mantener un balance físico y mental. Los beneficios que nos aporta el ejercicio son fabulosos así que, ¡a moverse! ¿Hasta cuándo vas a comportarte como una oruga?

5 — Reprograma tu mente

Las afirmaciones son oraciones positivas, las cuales tienen un poder mental inmenso. Pueden tomar poder en el subconsciente. *Transfórmate* te proporcionará una serie de afirmaciones para atraer salud, amor, trabajo, mejores amistades, dinero y muchas cosas más, las cuales se manifestarán de una manera mágica en tu vida.

También te hablaré sobre cómo atraer la felicidad, aprender a amarte, la importancia de perdonar y muchas cosas más que te ayudarán a crecer como ser humano. Las afirmaciones y la reprogramación de tu mente te transformará en un ser maravilloso, centrado, balanceado y exitoso en todos los sentidos.

De seguro, diariamente enfrentas diferentes obstáculos, ya sea en el trabajo, en el amor, las amistades, los negocios, la familia, el dinero y hasta con la naturaleza. Este libro te ayudará a seguir los pasos correctos para llegar a ser un ser excepcional.

— Nota —

En caso de que estés sufriendo de cualquier enfermedad crónica, consulta con tu especialista o médico general antes de adoptar cualquier dieta o estilo de vida nuevo.

Permíteme aclararte algo: no soy doctora, psicóloga ni dietista; simplemente soy una persona que ha sido capaz de sanar su cuerpo y haber reprogramado su mente para llegar a ser lo que soy en este momento.

Mi misión es informar y educar

Mi propia experiencia fue lo que me inspiró. Por esto escribí este libro, pues quiero traspasar mis conocimientos tanto de salud como emocionales a cada persona que lea este libro.

Si realmente quieres lograr cambios positivos en tu vida, no te des por vencido. El luchar por diferentes objetivos en la vida vale la pena, aunque requiera un poco de disciplina y persistencia.

Si yo lo pude lograr, también puedes tú. Eso no lo dudaré jamás. Así que, ¡ánimo!

Mi transformación

Una verdadera transformación

Es muy probable que te identifiques con mi historia. Por lo general, desde jóvenes, cada uno de nosotros nunca pensó en comer saludable; comíamos sin problema todo lo que cocinaban en nuestros hogares, restaurantes, reuniones sociales, fiestas, etc. Esto ha ocurrido generación tras generación, sin tener en cuenta la importancia de una nutrición balanceada y óptima.

El gran problema es que todo lo que hemos consumido toda nuestra vida ha sido en su mayoría procesado, lleno de preservantes, colorantes, funguicidas, ablandadores, acondicionadores y muchas otras substancias químicas que son extremadamente dañinas para nuestros cuerpos.

Lo más triste es que ninguno de nosotros se enteró antes del peligro tan tenaz al que estábamos expuestos, incluso probablemente desde antes de ser concebidos. Yo fui un experimento, tal como lo eres tú en este momento. Resulté, con el tiempo, afectada por una carga de toxicidad en mi cuerpo, la cual me terminó causando una serie de enfermedades. Al descubrir esto, me sorprendí en demasía y sinceramente no creía que me estuviese pasando.

Hace unos cuantos años me sentía cansada, psicológicamente frustrada, sin energía, con mi abdomen inflamado y un dolor tedioso que ni me dejaba dormir. Un día, acordé una cita con mi ginecólogo para mi chequeo anual. Cuando procedió a llevar a cabo la rutina ginecológica, lo vi muy sorprendido cuando terminó de examinarme.

— Señora Miller, vamos a hacer unos exámenes más detallados. Le voy a dar la autorización para un ultrasonido. Haga la cita lo más pronto posible, pues creo que usted tiene algunos problemas que se le han desarrollado durante este último año — dijo él.

En ese momento, sentí que mi vida se me iba de las manos. Muchas cosas comenzaron a pasar por mi mente. Me imaginaba lo peor, por lo menos un cáncer.

Mi mente se encontraba en un estado de miedo, incertidumbre y ansiedad horrible que ni me dejaba dormir. El día del ultrasonido, los nervios tan horribles incluso me causaron torzones en mi estómago. Muy afligida, le pedí a la persona que me hizo el ultrasonido que si veía alguna anormalidad que por favor me dijera.

— Señora, yo no soy la encargada de darle los resultados. Entre dos o tres días el ginecólogo la llamará para darle los resultados correctos de este ultrasonido — dijo ella.

Salí del lugar más triste que nunca; la agonía, la desilusión, la confusión y las ganas de saber ya la respuesta de qué era lo que me estaba ocurriendo, me acosaban, causándome un pánico tremendo. Lo único que me aliviaba temporalmente era el rezar y dejarlo todo en las manos de Dios. Esos momentos de esperar lo inesperado no se los deseo ni a mi peor enemigo...

Quizá tú mismo has pasado por estas situaciones tan difíciles. Cuando nuestra salud está en peligro de alguna enfermedad es cuando nos damos cuenta sobre cuál es el valor tan grande de disfrutar de uno de los regalos más bellos que poseemos.

Al cuarto día, recibí la llamada del ginecólogo.

— Señora Miller— dijo él — la necesito lo más rápido posible acá para darle los resultados.

Claro que sí. Estaré ahí a las dos de la tarde — yo le contesté, un poco asustada.

— No tengo muy buenas noticias: en su útero, tiene un fibroma de la talla de una toronja y otros pequeños que posiblemente se puedan agrandar con el tiempo. También en el ovario derecho hay un tumor de la talla de un limón, y ese es el que más me preocupa, pues puede ser canceroso — me dijo cuando llegué con mi hija al consultorio.

Necesita volver para hacerle una biopsia a ese tumor del ovario, pues corre el riesgo de que sea maligno — añadió.

La sorpresa fue tan terrible que sentí que la vida se esfumaba de mis manos al asumir que tenía un tumor canceroso terminal. Le pregunté al ginecólogo, con lágrimas en mis ojos, muy triste y afligida, cuál sería la mejor solución para deshacerme de todo eso.

— Simplemente tiene que someterse a una completa histerectomía — la respuesta que él me dio fue muy corta y sin ninguna otra salida.

En ese momento me sentí media mujer, pues comencé a imaginar lo terrible que sería esa operación y el inconveniente para mi familia, pues requeriría de un tiempo largo de recuperación. El pánico me invadió, salí tan perturbada del consultorio que no tenía nada que decir en ese momento.

Mi hija, muy positiva, tratando de ponerme la moral en alto me dijo — Mami no te preocupes, encontraremos la solución; yo creo que el médico está herrado en tomar una decisión tan rápida. El gran problema que vas a tener si decides hacerte esta operación, es que vas a depender de drogas por toda tu vida.

— Sí Ali, como sabes muy bien yo detesto las drogas, sea el tipo que sea. No creo que no sea capaz de intoxicar mi cuerpo con todas esas medicinas que me van a recetar— le dije.

Con una cara de bondad ella respondió — Déjalo en mis manos mami, pues a ti no te van a sacar ningún órgano. Tal como Dios te creó con todos tus órganos, así te iras de este mundo: completa—

Mi hija comenzó a hacer una gran cantidad de investigaciones acerca de cómo poder desaparecer tumores naturalmente. Gracias a Dios encontró las respuestas. Yo estaba dispuesta a hacer hasta lo imposible por recobrar mi salud sin necesidad de someterme a ninguna operación.

Pasaron los días y no fui al ginecólogo para la biopsia. Mi hija hizo toda su tarea, investigó todo profunda y cuidadosamente sobre cómo se podría llevar a cabo este proceso de forma completamente natural y sin ninguna consecuencia como la que me iría a traer la operación.

Pues así fue, ella y yo nos sometimos por un mes a desintoxicar nuestros cuerpos de una manera muy natural y efectiva, limpiándolos de todas las toxinas acumuladas por el transcurso de los años.

Ese fue uno de los meses más difíciles por los cuales había pasado en mi vida.

Valió la pena. Después de esta jornada tan tenaz, la cual nos llevó a una transformación total, nos dimos cuenta que el poder de la mente y nuestra madre naturaleza trabajan de una manera tan mágica, alcalinizando, desintoxicando y limpiando nuestros cuerpos de una manera increíble.

Después de ver tan maravillosos resultados, nos concientizamos en comer de una forma completamente saludable. Mi hija y yo gozábamos de una salud física increíble, vitalidad y energía que generábamos como rayos laser; nuestras pieles se veían frescas, tersas y humectadas, y nuestros cabellos brillantes. También emanábamos una energía espiritual increíble.

Después de once meses, decidí volver a visitar a mi ginecólogo. Este hombre casi se cayó de la sorpresa al verme, pues no creía que estuviese viva; él pensaba que estaba muerta. Se sorprendió de lo radiante y bella que me veía.

Sin embargo, no pudo aguantarse su curiosidad y me preguntó si me había operado con otro médico.

— No, nunca me hice operar — le contesté. Inmediatamente me mandó hacer otras ecografías. Él pensaba que todavía tenía algo, pero no, la sorpresa de este médico iría a ser grandísima al mirar los resultados.

Gracias a Dios, todo salió de maravilla, el ginecólogo no podía creer que los fibromas y el tumor habían desaparecido milagrosamente.

— Señora Miller, ¿qué hizo para que todo desapareciera? Sus órganos se ven mejores que los de una mujer de 20 años, ¡esto es un milagro! — me preguntó, anonadado.

— Simplemente cambié mi estilo de vida, ahora aprecio más los alimentos naturales, vivos y frescos que la naturaleza nos ha brindado siempre — yo le contesté. También le dije que había dejado de comer comida tóxica y procesada, porque descubrí como degenera y destruye nuestros cuerpos.

Desde esa experiencia tan amarga fue cuando comencé a valorar y apreciar todo lo que Dios y nuestra madre naturaleza nos brinda.

Quiero mencionar a mi bellísima hija, Ali Miller. Siendo aún una adolescente en esos años, ella fue quien me inspiró, me guio y me devolvió la fe para poder seguir este proceso de transformación. Le agradezco a Ali de corazón, por su persistencia, dedicación, valentía, devoción, motivación, inspiración, conocimientos, sabiduría, compasión, intuición, inteligencia, fe y amor, lo cual me inspiró en esta cruzada. A ella le debo mi vida.

¡Mil gracias hija! Te amaré por siempre. Estoy eternamente agradecida

— Alicia

Principio 1

Controla tus emociones

En este principio te informarás sobre la importancia que tiene la conexión del cuerpo y la mente. Hablaremos de cómo las emociones afectan nuestro cuerpo de una manera dañina causando terribles enfermedades. Vas a aprender a ser el maestro de tus emociones.

Desafortunadamente, cada día o cada momento que pasa, experimentamos emociones o sentimientos diferentes de acuerdo a las circunstancias de nuestras vidas. Nuestro estado emocional puede variar durante el lapso del día dependiendo de lo que nos esté ocurriendo.

Cuando estamos expresando emociones, ya sean positivas o negativas, utilizamos diferentes expresiones, gestos, tonos de voz y una gran variedad de palabras, las cuales pueden llevar un mensaje agresivo o amable.

Hemos sido programados mentalmente, generación tras generación, con creencias, mitos, dichos, predicciones y muchas más cosas, las cuales creemos tanto que con el tiempo se hacen realidad; todo esto ha venido sucediendo en cada cultura y civilización desde por siempre.
Debemos reprogramar nuestro subconsciente con cosas positivas, anulando por completo todas estas creencias, mitos y dichos creados por nuestras culturas.

La buena salud emocional

Las personas que gozan de una buena salud mental están conscientes de cómo manejar y controlar sus emociones, sentimientos y comportamientos. Por lo general estas personas han aprendido diferentes técnicas para controlar el estrés y otros problemas cotidianos. Para poder mejorar nuestra salud emocional tenemos primero que identificar el porqué de nuestras situaciones.

Comer saludable, hacer ejercicio y dormir bien

Para cuidar nuestra salud mental debemos incluir estas tres cosas, las cuales son vitales para aliviar o mejorar la tensión acumulada diariamente. Nos debemos querer y cuidar incondicionalmente. El balance es el éxito para vivir saludable y en armonía. Así que come saludable, haz ejercicio diario y duerme bien.

Debemos expresar nuestros sentimientos

Si internalizamos nuestros sentimientos o emociones negativas nos vamos a sentir terriblemente ahogados y sofocados, peor de lo que estábamos. Es mejor exteriorizarlos de una manera decente y civilizada sin necesidad de insultar a la persona que causó tales estados y sin incluir a terceros.

El balance es el secreto de la vida

Debemos desligarnos diariamente de los problemas personales, de la casa, el trabajo o la escuela, los cuales nos rodean y nos pueden llevar a desarrollar sentimientos negativos. Cuando te sientes ansioso, triste, frustrado o deprimido, debes reconocer y reemplazar estos pensamientos con cosas positivas, así se creará un balance, el cual irá eliminando la negatividad del subconsciente poco a poco.

Una de las técnicas más efectivas es escribir los sentimientos negativos en una libreta y, después que hayas terminado, romperlos o quemarlos, de esta forma los estarás exteriorizando y eliminando al mismo tiempo. Así, estas emociones jamás echarán raíz ni te enfermarán más tarde.

Emociones que sentimos

Cada emoción que sentimos, ya sea positiva o negativa, puede ser graficada es una escala compuesta por diferentes grados de intensidad.

A continuación, te muestro unos ejemplos de emociones basadas en una actitud positiva con una variante en magnitud. Estas son tres intensidades diferentes para expresar felicidad:

- *Me siento feliz*
- *Me siento muy feliz*
- *Me siento extraordinariamente feliz*

Veamos un ejemplo con una emoción negativa y sus tres variantes en magnitud:

- *Me siento cansado*
- *Me siento muy cansado*
- *Me siento terriblemente cansado*

Todas las emociones son respuestas inmediatas del organismo, dependiendo de la forma y la intensidad en que sean expresadas y estimuladas. Cuando son emociones positivas, favorecen nuestro ser y organismo. Las emociones negativas son extremadamente tóxicas. El poder controlar, sobre todo estas emociones, es la clave para tener un cuerpo sano.

Emociones o sentimientos positivos

- Agrado
- Alegría
- Amor
- Compasión
- Comprensión
- Empatía
- Entusiasmo
- Esperanza
- Euforia
- Fe
- Felicidad
- Fortaleza
- Optimismo
- Tranquilidad
- Valentía

Emociones o sentimientos negativos

- Ansiedad
- Avaricia
- Celos
- Culpabilidad
- Decepción
- Depresión
- Desconfianza
- Desilusión
- Egoísmo
- Enojo
- Envidia
- Fastidio
- Impaciencia
- Ira
- Irritabilidad
- Miedo
- Odio
- Rabia
- Remordimiento
- Rencor
- Repugnancia
- Resentimiento
- Soberbia
- Venganza

Estas y muchas más emociones nos afectan diariamente causándonos diversas afecciones, las cuales pueden agravar nuestra salud física de una manera aterradora. Si no sabes controlar todas estas emociones negativas, te pueden llevar hasta la muerte.

No más emociones negativas

Estamos generando emociones y sentimientos negativos diariamente. Muchas veces nosotros mismos somos los causantes de ellas, pero algunas veces otras personas son las responsables.

Las emociones negativas son las que más tienen poder en nuestros cuerpos, afectándonos física y también psicológicamente.

Los sentimientos están caracterizados por un estado de ánimo producido por causas que impresionan al cuerpo, las cuales pueden ser alegrías, dolores, penas y muchas más. Los sentimientos surgen por causa de una emoción. La idea es que puedas ser consciente del estado de ánimo en que te encuentras dependiendo de la emoción.

Ser más tolerante ante las diferentes situaciones que se presentan

La tolerancia está considerada como unos de los valores más importantes en el ser humano. Esta nos enseña a aceptar a las personas, situaciones y también a respetar lo que los demás piensan, poseen y creen; esto significa que ser una persona tolerante es poder aceptar opiniones, religiones, culturas, etnicidades y otras cosas en otras personas siempre respetando los derechos humanos de cada ser creado en este mundo, sea quien sea. Debemos aceptar a las personas como son, y si no estamos de acuerdo con sus ideales, opiniones o culturas es mejor abandonar diálogos con ellas sin crear ningún tipo de conflicto. La tolerancia es una virtud que nos ayuda a evitar conflictos.

¿Cómo podemos cancelar las emociones negativas?

Primero que todo, respondiendo de una forma positiva, calmándonos y analizando mentalmente la emoción antes de reaccionar negativamente.

La segunda medida es respirando profundamente por unos segundos para poder calmar nuestros reflejos y evitar reaccionar de forma brusca, ruda, irónica, sarcástica o negativa; recuerda prestar atención a las sensaciones físicas y emocionales que están pasando por tu cuerpo.

La tercera medida es tomar un control completo. Analiza la situación con la cabeza fría y comienza a pensar cómo puedes responder de una manera positiva y serena en vez de enfurecerte, gritar o enloquecerte. Siempre debes buscar una solución positiva.

Cuando conectamos nuestra mente con nuestros cuerpos, ocurren cosas tan extraordinarias que muchas veces no podemos creer; esta es una de las claves más importantes que debemos aprender. Por lo general las emociones negativas son nuestra defensa contra amenazas causadas por algo o alguien, catalogadas como "externas ", y nos facilitan enfrentar tales amenazas. Cuando tenemos miedo, significa que nos estamos preparando mentalmente para afrontar un peligro.

La tristeza es expresada por una pérdida o una desilusión, y la rabia o enojo cuando alguien cruza nuestras barreras o nos amenaza.
Muchos por lo general reprimen o esconden sus emociones ante los demás. Al no expresar las emociones que sienten el resentimiento va a crecer, lo cual se irá a reflejar más tarde afectando la salud física.

Al contrario de las emociones negativas, están las positivas, las cuales alimentan el alma y nuestros estados físicos mágicamente. Cuando estamos en un estado de emociones positivas, siempre vamos a atraer lo mejor, como por ejemplo: buenas amistades, una pareja maravillosa, oportunidades inesperadas, abundancia, salud, bienestar, paz interna, fe, esperanza, placer, alegría y muchas bendiciones más que nos ayudarán a encontrar aquel elusivo estado de paz y armonía llamado *felicidad*.

Es difícil para cualquier humano dejar de sentir o percibir las emociones. Toma tiempo en aprender a controlarlas, pero como dicen "la práctica hace al maestro". Cada emoción es producida por la *amígdala*, la cual está localizada en la parte posterior en la zona baja del cerebro.

Si nos enfocamos en tareas mentales no emocionales permitiremos que la amígdala no se active, por esta razón debemos mantenernos ocupados para alejar los malos pensamientos. Según estudios e investigaciones, el hemisferio derecho del cerebro es el que está más sensible a cualquier emoción negativa producida por cualquier circunstancia.

Cómo nos afectan las emociones negativas físicamente

El cuerpo siempre va a responder de acuerdo a cómo pensamos, sentimos y actuamos diariamente, ya que es un espejo de nuestras emociones, las cuales se pueden expresar fácilmente de forma física, especialmente si son negativas, como cuando nos sentimos ansiosos, enojados, estresados, confundidos, inseguros, desilusionados, envidiosos, vengativos, etc.

Después de una emoción fuerte, tu cuerpo te va a decir que algo está pasando internamente manifestándose de diferentes maneras: presión arterial alta, úlceras estomacales, cambios de ritmo cardiaco, dolores en músculos y huesos, tensión, dolores de cabeza, digestión interrumpida, cambios hormonales y un sinfín de síntomas que se pueden desarrollar después de que hayas pasado por un evento demasiado estresante, como por ejemplo, la muerte de un ser querido, perdida de trabajo, divorcios, perdida de cosas materiales, conflictos continuos con seres queridos o amistades, etc.

Los siguientes síntomas son evidencia de que tu salud está siendo afectada por tus emociones negativas:

- Acné producido por estrés
- Caída del cabello

- Cambios de apetito
- Cansancio excesivo y desmotivación
- Constipación y diarrea
- Dolores de cabeza o migrañas
- Dolores de estómago
- Dolor de pecho (palpitaciones rápidas y aceleradas del corazón)
- Dolores y malestares por todo el cuerpo
- Falta de aire y mareos
- Falta de concentración e insomnio
- Sudoración excesiva
- Subir o bajar de peso rápidamente
- Tensión en la espalda, hombros y cuello
- Perturbaciones mentales
- Presión arterial alta
- Problemas sexuales

Comprobamos, con todo esto, que tener una salud emocional débil puede comprometer nuestro sistema inmunológico terriblemente, haciéndolo más propenso a desarrollar resfriados, gripes e infecciones causadas por cada situación que producen estrés en nuestros cuerpos.

Cuando las personas se encuentran bajo diferentes estados emocionales negativos, tienden a comer más de lo que deben, a ingerir bebidas alcohólicas en cantidades mayores, a desmotivarse a realizar actividad física, a socializar, y además tienden a caer en las drogas recreacionales. Estas personas sufren, creándose un estado de autodestrucción total, tanto emocional como físico.

Las emociones se ocultan
en cada enfermedad

La medicina más antigua que ha existido en el mundo es la china, la cual nos informa que existen siete emociones que van ligadas a diferentes enfermedades que afectan nuestro cuerpo y órganos.

Estas son algunas emociones que causan un tipo de efecto en nuestros cuerpos:

- Enfado
- Miedo
- Disgusto
- Felicidad
- Tristeza
- Sorpresa
- Amor
- Depresión
- Desprecio
- Orgullo
- Vergüenza
- Envidia

Según la cultura oriental, estas emociones siempre están asociadas con un órgano; cada vez que experimentamos una emoción negativa, el órgano asociado a esa emoción se verá afectado. Cada vez aparecen nuevas investigaciones científicas demostrando cómo las emociones se manifiestan en nuestro cuerpo.

Toda esta acumulación de emociones se va desarrollando hasta llegar a causar enfermedades terminales, las cuales devastarán nuestra salud con el consumo de fármacos que, si bien es cierto calman los síntomas, no las curan. Todas estas enfermedades vienen ligadas a las emociones, sin importar que tengamos la dieta más sana que pueda existir en este mundo.

— Nota —

Todos nos hemos dejamos llevar por diferentes emociones y comportamientos que nos pueden ocasionar una gran cantidad de problemas, ya sean físicos como psicológicos.

Las emociones y sentimientos se pueden influenciar con procesos específicos y exactos que darán excelentes resultados. Al reprogramar tu mente, cambiar tus actitudes, reacciones y malos comportamientos, tendrás una vida más saludable. También debes aprender a admitir tus errores y trabajar en mejorar cada día más.
Así que sé consciente y comienza a practicar los métodos que describo en este principio.

Este tema de las emociones es uno muy extenso e interesante. Si Dios me lo permite, estaré publicando un libro con conocimientos mucho más profundos acerca de este tema, el cual me apasiona.

5 emociones negativas perjudiciales

1 — Angustia o ansiedad

El gran exceso de preocupación o especulación exagerada es conocido como *ansiedad*. Esta emoción está asociada con síntomas frecuentes de nerviosismo, fatiga, cansancio, vértigo, incapacidad para relajarse, insomnio, aislamiento hacia relaciones familiares, sociales y también laborales. Afecta nuestro sistema nervioso, hormonal, cardiovascular y la memoria, pues es difícil concentrarse, al igual que lo es encontrar serenidad tanto en el alma como el cuerpo.

2 — Ira

Expresada mediante irritabilidad, frustración, agresividad, cólera, rencor y celos, es considerada una de las emociones más fuertes que el ser humano puede experimentar, causando tremendos desastres en nuestro sistema cardiovascular, hígado, sistema hormonal e incluso el cerebro. Afecta el estado anímico, el ciclo normal del sueño, causa pérdida de apetito, daña la autoestima (dependiendo de la clase de disgusto provocado), y muchas más consecuencias. La ira está considerada como una de las emociones más tóxicas.

3 — Miedo

Expresado mediante el temor, susto, paranoia, pánico, terror y fobia. Cuando alguien experimenta el miedo, significa que teme a los cambios, a perder algo, a nuevas aventuras, a las personas, al rechazo, abandono, a una desilusión, la soledad, la pobreza, la soltería, la vejez, a enfermedades, y muchas cosas más dependiendo de la situación. A muchas personas el miedo a mirar hacia delante y prosperar los detiene saboteándoles completamente sus vidas. Esta emoción afecta terriblemente la autoestima, causando depresión, ansiedad, palpitaciones rápidas, nerviosismo, sudor e incluso muchas veces hacernos olvidar lo que queremos expresar. Dicen que el miedo y la ira pueden ser los peores enemigos del hombre. El miedo es uno de los causantes de los daños permanentes a los riñones.

4 — Tristeza

Es expresada mediante la melancolía, pena, aflicción insatisfacción, desesperanza y depresión.

Muchos de nosotros hemos experimentado tristezas, donde nuestra alma se encuentra consumida en el pesimismo, pena, dolor, inquietud y ansiedad. Las personas que viven tristes o están pasando por momentos difíciles son más susceptibles a las enfermedades como el cáncer y los problemas del aparato respiratorio. La tristeza es una de las emociones que tiene más impacto en nuestro metabolismo, cerebro, sistema inmunológico, sistema nervioso, sistema cardiovascular y también produce muchas enfermedades relacionadas con inflamaciones.

La acumulación de tristeza crea grandes dosis de tensión que pueden provocar llantos incontrolables.

5 — Odio o resentimiento

Esta emoción se expresa mediante coraje, dolor, rencor, venganza, amargura y furia. Muchos de nosotros hemos experimentado esta emoción, la cual está considerada extremamente tóxica para nuestro cuerpo y alma afectando al cerebro, los sistemas cardiovasculares, digestivo, nervioso y también afectando nuestro estado anímico, generando estrés y ansiedad hasta llegar al punto más crítico: la depresión total. El odio es el producto de resentimientos expresándose mediante actitudes hostiles, agresivas y terriblemente represivas en contra de algo o alguien.

El odio o resentimiento es como un microbio mortal, el cual comenzará poco a poco a destruirnos produciendo terribles enfermedades, entre ellas una de las más devastadoras: el cáncer. Debes comenzar a reflexionar y perdonar a esas personas o circunstancias que te han causado tan terribles y tóxicas emociones. Te estás haciendo el peor daño posible al dejar ese resentimiento y odio crecer. Libérate de tan devastadora emoción perdonándote a ti mismo y a tu ofensor.

Ejemplos de desórdenes mentales

- Anorexia
- Ansiedad
- Apatía
- Bulimia
- Depresión
- Egocentrismo
- Narcisismo
- Neuropatía
- Pánico
- Paranoia
- Comportamientos psicópatas
- Diversas adicciones (alcohol, comida, drogas, ejercicio, sexo, etc.)

Relaja tu mente

Para calmar nuestra mente debemos practicar métodos de meditación, los cuales ayudan a conectarnos espiritualmente, dándonos unos resultados increíbles de concentración, creatividad, paz, armonía, alegría y amor.

Programar pensamientos positivos en nuestro subconsciente, pidiendo calmar la mente para estar en paz y en silencio generará un nivel curativo tanto físico como emocional. La calma y quietud interior tienen un efecto mágico y curativo, ya que ayudan al individuo a experimentar menos estrés, lo que ayuda a su salud física al mismo tiempo, por ejemplo, bajando la presión arterial y aumentando su poder de concentración.

El frenético ritmo de vida de nuestra sociedad sobre estimula la mente, causándonos un estado de hiperactividad constante. La solución es aprender a silenciar nuestra mente. Nuestras emociones pueden ser nuestra mayor fortaleza o nuestra peor debilidad, depende de cómo las manejemos.

Puedes practicar disciplinas como el Yoga, Pilates y el Qi Gong, ya que conectan tu cuerpo-mente de una manera increíble. Practica cualquier deporte o hobby que te fascine para que puedas sacar al cerebro de la rutina cotidiana del estrés.

Principio II

Limpiar y balancear

Nuestros cuerpos deben ser tratados como el templo que Dios nos regaló. Este principio es de vital relevancia, pues aprenderás por qué limpiar tus órganos renovará tu cuerpo.

Aparentemente la mayoría de nosotros nos vemos muy bien, pero la verdad no es esa. Muchas personas están infestadas de parásitos, bacterias, virus, hongos, moho y gérmenes.

Las enfermedades crónicas en nuestra sociedad han sido causadas por una infinidad de emociones y alimentos tóxicos. Se ha comprobado que todo lo que es procesado está lleno de una gran cantidad de componentes tóxicos como preservantes, colorantes, ablandadores, cloro, pesticidas de toda clase, fungicidas y hasta cianuro en pequeñas cantidades en muchos alimentos, los cuales se han consumido por mucho tiempo, diariamente.

Afortunadamente, la sociedad ya ha despertado y está conociendo los peligros que podemos encontrar en comidas procesadas, rápidas o chatarra, sin excluir ninguna cultura y sociedad en el planeta. Durante los ocho últimos años, los medios de comunicación, las redes sociales, los periódicos, revistas y otros medios nos han facilitado información sobre los peligros que toda la humanidad corre en este momento por falta de información, educación y muchas veces por la inconciencia respecto a estos temas.

En este momento, nuestra sociedad está sufriendo una gran epidemia de muchas enfermedades, de las cuales algunas son devastadoras, crónicas e incluso terminales. Ejemplos de estas son la obesidad, el colesterol, la presión arterial alta, constipación, cáncer, enfermedades cardiacas y una infinidad más.

Muchas de estas enfermedades están afectando en este momento a bebés, niños, adolescentes, hombres y mujeres de diferentes edades. Todo esto lo podemos cambiar si queremos, limpiando y regenerando nuestros órganos de tanta toxicidad consumida por mucho tiempo.

Jamás nos hemos preocupado de limpiar nuestros órganos. Estos también necesitan cuidado, limpieza, descanso, buena nutrición, alcalinidad y renovación, para que puedan desarrollar nuevamente un funcionamiento preciso y óptimo como debe ser.

Siempre nos hemos preocupado por la higiene externa, pero jamás por la interna, la cual es primordial para cada uno de nosotros. Seria increíble para cualquier ser humano tener sus órganos funcionando sin ningún problema. Veamos ejemplos de funciones de órganos y sistemas:

Hígado

- Procesa alimentos y los convierte en energía
- Desintoxica el cuerpo y lo provee de energía

Sistema linfático

- Filtra y ayuda a eliminar las toxinas acumuladas

Sistema renal

- Filtra las impurezas de nuestro cuerpo y ayuda a mantener la sangre equilibrada

Piel

- El órgano más extenso en nuestro cuerpo. Se encarga de la protección de nuestros músculos, huesos, ligamentos y órganos internos

Sistema circulatorio

- Hace circular la sangre para proporcionar nutrientes y hormonas al cuerpo.

Intestinos

- Evacuan toxinas
- Encargados de la expulsión de orina y excremento

Pulmones

- Proporcionan oxígeno a cada célula de nuestro cuerpo y se deshacen del dióxido de carbono

Limpieza del sistema digestivo

Los intestinos están categorizados como los dos órganos más importantes del cuerpo humano. Variados estudios e investigaciones confirman que nuestra salud depende de cómo se encuentre nuestro sistema intestinal. La evacuación diaria es importantísima; la frecuencia, la textura, el olor y el color de los excrementos nos dirán mucho acerca de nuestra salud interna. Si no estás evacuando de 2 a 3 veces al día, puedes estar padeciendo de constipación crónica.

La acumulación masiva de toxinas en los intestinos es la causante de enfermedades crónicas, ya que provoca un estado crítico extremadamente tóxico en el cuerpo llamado *autointoxicación*, la cual causa que se pudra la comida y ocurra una re-absorción de las toxinas inmediatamente en el flujo sanguíneo, causando un envenenamiento total, provocando dolores de cabeza, náuseas, inflamación en el vientre, gas con un olor putrefacto, mareos, vómitos y muchos síntomas más, los cuales podrían incluso llevarte a emergencias.

Otro problema que te avisará si tus intestinos están tóxicos o infestados es la diarrea continua, la cual es peligrosa, pues se sufren grandes problemas con la deshidratación y el nivel correcto de los electrolitos.

Las carnes procesadas son causantes del cáncer del intestino. La carne roja está clasificada como un carcinógeno, al igual que los embutidos. La siguiente es una lista en la que podrás identificar las enfermedades producidas por un intestino tóxico:

- Alergias
- Presión alta
- Arteriosclerosis
- Ataques cardiacos
- Caída del cabello
- Adelgazamiento
- Cáncer
- Cándida
- Colesterol alto
- Constipación
- Demencia
- Depresión
- Diabetes
- Diverticulitis
- Dolor en las articulaciones
- Envejecimiento prematuro
- Infecciones frecuentes
- Gases
- Gota
- Hemorroides
- Hepatitis
- Infecciones vaginales
- Inflamaciones
- Irritabilidad
- Megacolon
- Obesidad
- Olores en el cuerpo

- Pólipos en el colon
- Síndrome de lique del intestino
- Síndrome premenstrual

Todas estas enfermedades son causadas por una simple razón: la falta de higiene interna. Este principio te informará cómo podrás deshacerte de la carga tóxica que has llevado por muchos años.

Limpieza de los intestinos

Acá te entrego algunos consejos para poder llevar a cabo la limpieza intestinal:

1 — Consumir fibra

Este es el método más natural y fácil que podemos hacer diariamente consumiendo frutas, vegetales, hortalizas, granos, panes germinados, semillas y nueces. La clave está en consumir todo en su estado natural y preferiblemente orgánico. Supongo que ya sabes que debes evitar los alimentos convencionales.

Consumir un promedio de 35 a 45 gramos de fibra diariamente te ayudará a limpiar los intestinos fácilmente. Notarás una textura más blanda en los excrementos, también el olor no será tan fatal como el que seguramente has tolerado por años . . .

Por lo menos una vez al año, debemos limpiar y mantener los intestinos, dándoles el mejor cuidado y mantenimiento posible que necesitan con la ayuda de probióticos, los cuales ayudarán a cultivar una flora balanceada para estos.

La constipación ocurre por no ingerir suficiente fibra en nuestras comidas diariamente. La falta de suficiente fibra diaria, soluble e insoluble, se considera algo serio para cualquier ser humano.

Mucha gente tiene problemas de mal aliento, inflamación en el estómago, gases, agrieras, acné y un olor bastante fuerte en pies, axilas y todo el cuerpo. Todos estos son síntomas de que el cuerpo está demasiado tóxico, pues el sistema de evacuación esta desbalanceado, sucio e infestado de una gran cantidad de bichos. A continuación, te daré una lista de los alimentos que contienen una buena cantidad de fibra soluble en el planeta:

- Aguacates
- Arvejas Secas
- Avena y Cebada
- Brócoli
- Cáscara de Psyllium
- Frambuesas
- Frijoles Secos y Lentejas
- Linaza
- Manzanas
- Nueces
- Zanahorias

La combinación de las dos fibras es vital en nuestra alimentación; de esta manera mantendremos el sistema de evacuación limpio y funcionando con este tipo de fibra. Otros alimentos que contienen fibra son:

- Brevas o Higos
- Cerezas
- Dátiles (frescos o secos)
- Granolas

- Harinas de:
  Almendra, Amaranto, Coco, Quínoa,
  Legumbres, Frijoles, Garbanzos, Lentejas,
  Nueces, Pecanas, Pistachos, Salvado,
  Avena y Trigo
- Pasas
- Semillas de Ajonjolí y Quínoa
- Todas las frutas (frescas o secas)
- Todos los vegetales (frescos o al vapor)

Tener un perfecto balance te ayudará a evacuar el sistema digestivo diariamente sin ningún problema, sin necesidad de estar sufriendo de estreñimiento o constipación diariamente, como le pasa a cuatro de cinco personas en el mundo.

2 — Enemas

Los enemas están considerados como unos de los métodos más rápidos y eficaces para evacuar los desechos tóxicos del intestino grueso. El proceso funciona mejor cuando el intestino está vacío de comida.

Antes de considerar realizarse un enema es aconsejable llevar una dieta basada en alimentos completamente orgánicos por unos días.
Hay varias clases de enemas, por ejemplo, los que podemos hacer en casa desbloquearán el intestino de una constipación, pero no son tan intensos como el irrigado profesional. La irrigación del intestino hecha profesionalmente está caracterizada por ser más profunda e

intensa. Esta consta de irrigar el intestino con galones de agua sin cloro, para poder sacar materia fecal incrustada, la cual es causa de constipación o intoxicación masiva.

Esta clase de hidroterapia del colon debe ser hecha por una persona experta en estos tipos de enemas, la cual debe estar certificada para llevar a cabo el proceso de la manera correcta; por lo general van a tomar de siete a ocho secciones combinadas con un limpiador intestinal para poder limpiar tamaña cantidad de excremento y basura acumulada por años.

Varios estudios hechos en diferentes universidades en los Estados Unidos dicen que cada persona lleva desde siete a veinticinco libras de excremento pegado en los intestinos, lo cual puede traer una gran cantidad de consecuencias de salud con el transcurso del tiempo.

3 — Limpiadores profesionales para el intestino

Se pueden encontrar infinidades de productos limpiadores del colon. Estos productos son demasiado efectivos y sin duda van a funcionar. Después de haber limpiado los intestinos, hay que reconstruir la flora intestinal dándole el balance y funcionamiento óptimo. Así como limpiamos nuestros cuerpos por fuera diariamente, también debemos mantener una higiene interna por dentro.

4 — Reconstruir la flora intestinal

Podemos llevar esto a cabo diariamente tomando un suplemento que es vital para nuestra salud, pues nos dará el balance o la ecología ideal para los intestinos; el suplemento se llama "probiótico", el cual consta de bacterias amigables que nos protegerán de una gran cantidad de enfermedades. Estas beneficiosas bacterias son encargadas de destruir a las bacterias malas, reemplazándolas con bacterias completamente saludables para los intestinos.

Debemos ingerir probióticos diariamente. Hay tres clases de bacterias que son las más importantes de preservar siempre en el intestino:

Bifidobacterium — Acidophilus — Lactobacilos

También podemos reconstruir nuestras bacterias intestinales defecando con una frecuencia normal al día y consumiendo más verduras, frutas frescas, semillas y nueces, preferiblemente orgánicas.

Otra manera de proliferar nuestros organismos con excelentes y amigables bacterias son los encurtidos, el kéfir, la cambucha y el yogurt griego orgánico. Todos estos métodos ayudarán a repoblar tu intestino con bacterias amigables.

El hígado

Está considerado como uno de los órganos más importantes en el cuerpo humano, el cual desempeña varias labores que son de suma importancia para nuestra salud. Pesa más o menos 1,400 kg y está localizado en la parte trasera de las costillas, en el lado superior derecho del abdomen. El hígado es el más complejo y activo de todos nuestros órganos.

Está encargado de procesar, convertir, distribuir y mantener el combustible necesario para nuestro cuerpo. El hígado tiene el control directo sobre el crecimiento y funcionamiento de cada célula en él. Debe mantenerse limpio, sano y desempeñando su función al pie de la letra.

La vesícula biliar es un pequeño saco que se encuentra en la pared baja del hígado. Su función es almacenar la bilis que produce el hígado. La bilis es importante en nuestro cuerpo pues es la encargada de digerir toda clase de grasa que pasa por este. La acumulación de grasas malas, (colesterol) y otras substancias tóxicas son las causantes de los cálculos biliares.

Síntomas de un hígado sucio

Los síntomas son innumerables, pues este órgano tiene una gran cantidad de funciones que son clave para disfrutar de una salud impecable. Los más comunes son los siguientes:

- Acné
- Adormecimiento o parálisis de las piernas
- Cansancio y fatiga
- Alergias en la piel
- Asma
- Cirrosis hepática
- Colesterol alto
- Cuello rígido
- Desequilibrio hormonal
- Dolores de cabeza
- Rigidez de articulaciones y músculos
- Dolores de espalda y hombros
- Enfermedad de Alzheimer
- Extremidades frías
- Enfermedades renales
- Escoliosis
- Gota
- Hemorroides
- Impotencia sexual
- Manchas en la cara y las manos
- Obesidad
- Ojos hinchados
- Ojos y piel amarilla
- Osteoporosis
- Personalidad irritable, variable y colérica
- Pesadillas
- SPM

- Problemas de la visión
- Problemas dentales
- Trastornos cerebrales
- Trastornos digestivos

Cada uno de estos síntomas es una indicación de que nuestro hígado esta tremendamente tóxico y congestionado. Espero, que luego de haberte informado de algunos de estos síntomas más comunes, tomes conciencia y te dediques a limpiar y rejuvenecer tu hígado.

Como limpiar el hígado

Hay dos maneras de limpiar el hígado, la primera es a base de una dieta limpia y desintoxicante utilizando hierbas que pueden estimular la secreción biliar; con este tipo de tratamiento lograremos descongestionar el hígado, pero no limpiaremos las vías biliares de cálculos.

La segunda opción es mucho más efectiva, esta es la limpieza hepática, la cual está basada en la medicina "ayurvédica".

La completa evacuación de los cálculos biliares tomará aproximadamente diez a doce sesiones dependiendo de la toxicidad del individuo. A medida que el hígado se congestiona de cálculos biliares, este progresivamente va perdiendo sus funciones vitales, desarrollándose una gran cantidad de enfermedades que muchas veces nos toman por sorpresa. Según estudios realizados por la medicina tradicional china, el hígado además de realizar un sinfín de funciones corporales también tiene un control directo sobre nuestras emociones.

Respecto a la parte espiritual, la medicina china dice que cada órgano gobierna una parte del alma. Cada órgano en nuestro cuerpo que no está funcionando correctamente manifestará un efecto emocional negativo, por ejemplo: ansiedad, tristeza, frustración y depresión.

Hay varios sistemas muy buenos para limpiar el hígado. Yo he utilizado varios. La mayoría de estos consisten en utilizar hierbas que desintoxican el hígado de todos los agentes tóxicos. Los cálculos biliares por lo general se encuentran dentro del hígado, en los conductos biliares o en la vesícula. A una infinidad de personas, que muchas veces requieren ser operadas de emergencia, se les tiene que extraer la vesícula por tenerla llena de cálculos.

Consulta a un médico naturalista y él te guiará en el proceso correcto para limpiar tu vesícula paso a paso antes de que sufra una acumulación y obstrucción de piedras en los conductos biliares, lo cual puede causar mucho dolor, o incluso un cáncer si se encuentra muy tóxica.

Alimentos que destruyen el hígado

- Aceites procesados
- Ácidos grasos trans-procesados
- Azúcares artificiales
- Bebidas alcohólicas
- Café
- Carnes
- Cigarrillos
- Colorantes
- Drogas
- Grasas saturadas
- Insecticidas
- Pesticidas
- Preservantes
- Productos lácteos
- Sodas
- Té no orgánico

Alimentos que rejuvenecen el hígado

Aceites (prensados al frio, orgánicos y vírgenes):

- Aguacates
- Coco
- Nueces y olivas
- Uvas

Frutas (preferiblemente orgánicas)

- Aguacates
- Bananas
- Brevas
- Cerezas
- Chirimoyas
- Damascos
- Duraznos
- Fresas
- Frambuesas
- Limas
- Limones
- Mandarinas
- Mangos
- Manzanas
- Melones
- Naranjas
- Tamarindos
- Tomates
- Toronjas
- Piñas
- Pimientos
- Pimentones
- Pomelos
- Zapotes

Hierbas (preferiblemente orgánicas)

- Albahaca
- Alcaravea
- Cola de caballo
- Eneldo
- Espino
- Hinojo
- Laurel
- Ortiga
- Rábano
- Romero
- Salvia
- Tomillo

Legumbres (preferiblemente orgánicas)

- Arvejas o guisantes
- Frijoles
- Garbanzos
- Habas
- Lentejas

Nueces y semillas (preferiblemente orgánicas)

- Almendras
- Avellanas
- Cáñamo
- Centeno
- Chía y Quínoa
- Linaza
- Nueces Brasileñas
- Macadamias
- Pecanas
- Pistachos

Verduras (preferiblemente orgánicas)

- Acelgas
- Ajos
- Alcachofas
- Berenjenas
- Berros
- Brócoli
- Cebollas
- Cilantro
- Cocombro
- Col China
- Col risada
- Coliflor
- Diente de León
- Espárrago
- Espinaca
- Germinados
- Habichuelas
- Hojas de mostaza
- Lechugas
- Nabo
- Pepinos
- Perejil
- Raíz de anís
- Remolacha
- Repollo
- Zanahoria

Los riñones

Estos órganos son los encargados de filtrar las impurezas de la sangre en nuestro cuerpo. Se deben limpiar para evitar sufrir de los conocidos cálculos renales. Estos cálculos son producidos por una pésima dieta, rica en azúcares procesados, sodas, alcohol y un mínimo consumo de agua. Dicen que pasar un cálculo renal al orinar es más doloroso que dar a luz a un bebe. Los dolores son intensos, ya que causan náuseas y ganas de orinar, pero precisamente es al tratar de orinar cuando se produce el dolor más terrible que se pueda imaginar.

La obstrucción de estas piedritas en los conductos renales puede causar rompimiento o raspaduras en las paredes de los conductos, causando sangramiento en la orina. También se corre el riesgo de una infección en la vejiga y conductos renales.

Estos cálculos muchas veces pueden salir del conducto voluntariamente. Todo depende del tamaño del cálculo o piedrita. Cuando estos no pasan, el afectado debe dirigirse al hospital, donde son pulverizados con rayos laser. Los riñones también regulan el equilibrio electrolítico en nuestro cuerpo, estimulando la producción de glóbulos rojos en la sangre. Son nuestros pequeños filtros que ejecutan una labor inmensa.

Hay diferentes productos diseñados para limpiar los riñones que se venden en tiendas de alimentos saludables y en línea.

Los siguientes son síntomas o enfermedades que nos afectan cuando nuestros riñones están dañados:

- Cansancio
- Dolores
- Manos y pies fríos o hinchados
- Náuseas y vómitos
- Ojeras
- Orina oscura y olorosa
- Oscurecimiento de la piel
- Pérdida de apetito
- Picazón por todo el cuerpo
- Presión arterial alta
- Sed en exceso
- Tobillos demasiado hinchados

Para poder mantener los riñones funcionando de una manera adecuada, debemos evitar ciertos alimentos, como por ejemplo el exceso de sal, picantes o especias demasiado concentradas, exceso en consumo de proteínas, drogas, bebidas alcohólicas, sodas y azúcares.

Como bien sabemos, todo exceso es perjudicial. El cuidado y la atención a nuestros riñones es crucial, pues si no estamos atentos a estos síntomas podremos terminar en una máquina de diálisis por el resto de nuestras vidas . . .

Sistema linfático

El sistema linfático es una extensa red de drenaje que ayuda a nivelar los fluidos del cuerpo, y está ligado a nuestro sistema inmunológico, el cual nos defiende de infecciones, virus, bacterias y hongos.

Está compuesto por una gran red de vasos, ganglios linfáticos y linfocitos que transportan linfa, un líquido transparente acuoso y blanquecino que acarrea proteínas, sales, mucosas, urea, y otras substancias por todo el cuerpo.

Cuando nuestro sistema inmunológico está un poco bajo significa que nuestro sistema linfático está tratando de avisarnos que algo anda mal, lo que puede llegar a causar terribles enfermedades.

Hay varias formas en que podemos conservar nuestro sistema linfático limpio y saludable, como por ejemplo con frutas, verduras frescas, tomar mucha agua, dejar de comer comida chatarra y hacer ejercicio diariamente, aunque sea treinta minutos al día.

Uno de los ejercicios más reconocidos por médicos e investigaciones es el trampolín. Este sirve como una máquina de bombeo para mover el líquido linfático acumulado.
Desafortunadamente el sistema linfático no tiene

una bomba para mover el líquido como el sistema circulatorio, que cuenta con la bomba más poderosa, la cual es el corazón, que hace circular la sangre constantemente. Los sistemas menores se van limpiando a medida que limpies los cuatro mayores, los cuales lamentablemente muchas personas tienen comprometidos.

Alcalinización corporal

Está comprobado científicamente que la alcalinidad de nuestros cuerpos es la clave para obtener una salud óptima. La alcalinidad de cualquier cuerpo se puede medir con una escala llamada pH, que significa "potencial de hidrogeno". La escala tiene muchas veces hasta catorce números; la mitad, el número siete, es el valor neutro de la alcalinidad de cualquier cuerpo humano, y del 7.4 hacia arriba significa que nuestro cuerpo está en un balance alcalino bueno o positivo.

Si la escala del pH nos demuestra que está por debajo del número siete, quiere decir que nuestro cuerpo se encuentra en un estado de acidez terrible, lo cual puede implicar un peligro inmenso para nuestra salud.

Para poder determinar el pH de nuestro cuerpo debemos utilizar una cinta llamada "papel reactivo", adquirible en cualquier farmacia o almacén de productos saludables.

En América, y a nivel mundial, mueren miles y miles de personas de terribles enfermedades crónicas. La mayoría de estas personas se encuentra en un estado de acidosis terrible.

A veces pienso que muchos se han convertido en bombas de tiempo; no saben cuándo, ni cómo será su final. Por lo general, las personas obesas tienen más probabilidades de desarrollar múltiples enfermedades.

Muchas de estas personas se sienten tremendamente frustradas, pues psicológicamente, al estar diagnosticadas con varias enfermedades, piensan que la solución es consumir todas las medicinas prescritas por el médico. Lamentablemente no es así; las medicinas solamente calman síntomas, pero no curan las enfermedades.

Alimentos ácidos

Los alimentos ácidos causan acidosis, la cual obliga a nuestros cuerpos a robar nutrientes vitales de otras partes de nuestro cuerpo, lo que ocasiona deficiencias de calcio, magnesio, potasio y sodio. Estos minerales son robados o prestados de los huesos y otros órganos vitales de nuestro cuerpo, actuando como una barrera contra los ácidos que los alimentos que ingerimos causan a nuestro cuerpo. Con el tiempo, el cuerpo se va a ir desmineralizando de tanto robar estos esenciales nutrientes causando un daño tremendo, el cual muchas veces no se puede detectar hasta el paso de algunos años. Entre más ácido tu estilo de vida, más enfermedades se desarrollarán en tu cuerpo.

Síntomas leves de acidosis

- Artritis
- Caída de pelo y piel áspera
- Cáncer y diabetes
- Dientes débiles
- Dolores de cabeza
- Fatiga
- Ojeras
- Enfermedades cardíacas
- Esclerosis múltiple
- Obesidad
- Uñas delgadas y frágiles

Cuando sigas una dieta pH alcalina, vas a tener la oportunidad de mantener y restablecer tu salud y belleza. El cuerpo se va regenerando lentamente al ingerir nutrientes, vitaminas, minerales, aminoácidos y grasas saludables. Aquí hay algunas cosas que ponemos en nuestros cuerpos que son extremadamente ácidas y pueden dar lugar a la acidosis si abusamos su consumo.

Aceites procesados ácidos

- Aceites de canola y maíz

Bebidas alcohólicas

- Licores fuertes
- Cervezas
- Cócteles
- Vinos

Drogas

- Drogas de prescripción
- Drogas recreacionales
- Alucinógenos (cocaína, marihuana, etc.)

Granos

- Arroz blanco
- Cebada
- Galletas procesadas dulces o saladas
- Harina blanca
- Maíz
- Trigo

Proteína animal

- Carnes de cerdo, conejo, res, bisonte
- Embutidos de toda clase
- Pavo, pollo y demás aves
- Pescados y mariscos:
  almejas, camarones, cangrejo, langostas, ostras

Productos lácteos

- Leches procesadas de almendras, arroz, soya, vaca
- Quesos de toda clase
- Mantequillas procesadas
- Cremas de leche

Otras cosas ácidas

- Azúcares artificiales y naturales
- Café y cigarrillos
- Comida enlatada
- Todo tipo de dulces
- Mantequilla de nueces
- Mostaza
- Pastas
- Pimienta
- Postres
- Sal Yodada
- Sodas
- Químicos

Todos estos alimentos que acabo de mencionar van opacando la salud poco a poco; lo más triste es que casi todo lo que ingerimos son comidas que solamente sacian e intoxican nuestros cuerpos a medida que transcurre el tiempo.

Los siguientes alimentos son saludables y beneficiosos para tu salud, sin embargo, procura no abusar de su consumo, ya que el exceso de estos puede traerte problemas de acidosis:

Aceites

- Aceite de oliva

Frutas secas

- Arándanos dulces o amargos
- Ciruelas
- Pasas
- Frutos secos en general

Legumbres

- Abas
- Arvejas
- Guisantes
- Frijoles: blancos — judías — negros — pintos — rojos — soya
- Lentejas

Las nuevas generaciones ya se ven afectadas por esta verdadera crisis mundial causada por alimentos perjudiciales, por esta razón debemos hacer hasta lo imposible por mantener nuestro cuerpo alcalino.

10 pasos vitales para alcalinizar

Hay varias maneras de alcalinizar nuestros cuerpos durante el día. Procura comer los alimentos que te he proporcionado previamente.

1 — Para comenzar a alcalinizar tu cuerpo al levantarte en ayunas, consume una taza de agua tibia con la mitad de un limón, preferiblemente orgánico. El limón está reconocido como uno de los cítricos más alcalinos para el cuerpo. Esta bebida tan simple despertará el sistema digestivo, desintoxicándolo y alcalinizándolo al mismo tiempo.

2 — Procura consumir un desayuno balanceado y alcalino diariamente. El desayuno es la comida más importante del día. La mayoría de las personas consumen desayunos terriblemente ácidos. Nuestro desayuno debe ser lo más nutritivo y alcalino posible.

Sugerencias:

- Un licuado verde de frutas y verduras de tu preferencia
- Avena o quínoa con fruta y nueces
- Un jugo verde hecho con vegetales y frutas alcalinas
- Un licuado de proteína natural y frutas

3 — El almuerzo es otra de las comidas en las cuales se cometen muchos errores, especialmente por parte de personas que trabajan y les gusta ir a comer comida rápida.

Sugerencias:

- Una ensalada rica en vegetales, semillas y frutas como aguacates, tomates, cocombros, manzanas, naranja, mandarinas etc. Sugiero que los aderezos sean lo más natural posible que puedas encontrar o preparar en tu casa.
- Un sándwich de verduras hecho con alimentos orgánicos
- Una sopa hecha con productos orgánicos
- Si comes carnes solamente, te recomiendo carnes orgánicas

4 — La cena también se puede convertir en un desastre para muchos que consumen una gran cantidad de porquería y chatarra, lo que causa aumento de peso, mala digestión, gases, pesadez estomacal y acidez. También debemos aprender a comer comidas suaves, ligeras y pequeñas en la noche, pero nutritivas y alcalinas. Por lo general muchos comen demasiado en la noche, pues durante el día prefieren aguantar el hambre. Esto es lo peor que se le puede hacer al sistema metabólico.

Sugerencias

- Vegetales o quínoa al vapor, frijoles, lentejas o tofu
- Tazones con verduras y tus legumbres y granos favoritos
- Sopas
- Tu cereal favorito (sin glutinosa) con fruta fresca y nueces

Disculpa mi insistencia: acuérdate que todos los ingredientes deben ser orgánicos.

5 — Las entre comidas son de suma importancia también. Por favor no consumas basura como dulces, colas, café convencional, frutas no orgánicas, carnes frías, dulces procesados, chicles, embutidos fríos, y muchas más porquerías que te dejarán cansado y te robarán toda la energía. Consume los alimentos que te propongo en este libro.

6 — El consumo de agua limpia y alcalinizada es lo mejor para hidratar y limpiar tu cuerpo. Al consumir agua, tus órganos te lo van a agradecer. El agua te proporcionará el funcionamiento óptimo para la digestión y asimilación de la comida y también la hidratación de la piel. Nuestro cuerpo está compuesto por un 70 por ciento de agua, por eso debemos consumirla dependiendo de cuánto pesemos. Te recuerdo algo: todo al extremo es dañino. El consumir

demasiada agua puede ser terrible también, pues vas a eliminar todas las vitaminas y minerales esenciales del cuerpo, quedando desmineralizado.

7 — Otra manera de alcalinizar tu cuerpo es haciendo ejercicio. De alta y baja intensidad servirá para activar las hormonas de la alegría, las *endorfinas.* Todo depende de tu condición física. Lo que importa es que hagas algo diariamente.

8 — Ponle atención a cómo respiras. Por lo general todos respiran levemente, sin oxigenar sus cuerpos de la mejor manera. Hay varias clases de respiración, las cuales activarán los órganos proporcionándoles el oxígeno óptimo que necesitan.

9 — Corta los azúcares y sales procesadas, ve disminuyendo el consumo de estos dos terribles ácidos que consumes diariamente. Endulza tus bebidas con stevia o azúcar de coco.

10 — Aprende a amarte a ti mismo.
Es común malinterpretar esta idea, ya que se relaciona casi inmediatamente con el narcisismo o egoísmo, pero hago alusión a preocuparte por tu salud y tu vida.

Principio III

Tú decides

En este principio hablaremos tanto de los alimentos más tóxicos y adictivos, como también de aquellos capaces de sanar y regenerar nuestras células poco a poco. Nuestra sociedad está programada para consumir comida rápida y chatarra. Las compañías multinacionales y la mercadotecnia promueven todas esas clases de alimentos extremadamente tóxicos y procesados que causan terribles problemas de salud.

Los alimentos más tóxicos

En la primera parte de este capítulo o principio hablaré de los alimentos más tóxicos y letales para tu cuerpo, los cuales deberás dejar de consumir para siempre. En la segunda parte, hablaré de los alimentos milagrosos que regenerarán tu cuerpo.

Comencemos: la comida chatarra es una de las peores invenciones que el ser humano ha creado, pues causa mucho daño al consumirla. Su sabor es más adictivo que el de la comida normal, pero desafortunadamente es preparada con los peores ingredientes que puedes imaginar.

Los alimentos que destruyen nuestro sistema inmunológico están infiltrados en casi todo lo que consumimos diariamente, lo cual es procesado. Cuando yo me enteré de los daños que estos alimentos nos causan con el tiempo casi no lo podía creer, hasta que hice más investigaciones y confirmé que todo lo que acaba de descubrir era una valiosa verdad.

Mi curiosidad de mejorar mi bienestar y el de mi familia, me llevó a asistir a diferentes conferencias sobre la salud, mirar diferentes videos, consultar con diferentes autoridades expertas en medicina natural, comprar muchos libros, etc. Me tomó tiempo aprender todo lo que he puesto en práctica desde hace un tiempo ya extenso.

Tomé responsabilidad de mi salud y la de los míos tomando la mejor decisión que he hecho en mi vida, la de sentirme saludable, vibrante, energética, físicamente feliz y emocionalmente balanceada, lista para comenzar otra etapa en mi vida la cual me ha atraído muchas bendiciones.

A continuación, te mencionaré los alimentos más perjudiciales para nuestra salud creados por el hombre.

Azúcares procesados que matan

El azúcar procesado está considerado como una de las drogas legales más adictivas y destructivas para cualquier ser humano.

Desafortunadamente hemos consumido esta droga tan por siglos. El azúcar procesado se ha considerado mucho más adictivo que las drogas alucinógenas. Varios estudios nos han demostrado que la mayoría de los consumidores de azúcares procesadas en América están más adictos a su consumo que las personas que usan cocaína o heroína.

Si bien es cierto, este dulce veneno letal nos da energía y una euforia temporal, también eleva temporalmente los niveles de azúcar en la sangre causando grandes estragos a nuestra salud.

Todo este veneno lo encontramos en: cereales, panes y galletas dulces, jugos procesados, comidas enlatadas y congeladas, alcohol, aderezos, mermeladas, comida chatarra o rápida, también en comidas o empaquetados que dicen "0 gramos de grasa", ya que tienen un contenido más alto en azúcares. Este veneno está escondido casi en todo lo que consumimos, por eso hay que siempre mirar las etiquetas y buscar qué clase de azúcares y qué cantidad tiene el producto que vamos a consumir.

El consumo frecuente de azúcares causa fluctuaciones constantes en el cuerpo, que van causando diferentes daños a los diferentes órganos y también reacciones no placenteras en nuestras personalidades como: mal genio, irritabilidad, impaciencia, cansancio, etc.

El sistema glicémico es afectado cada vez que comemos azúcares procesados. En el libro "*Lick the Sugar Habit*," la doctora Nancy Appleton nos da una estadística muy interesante donde dice que cada persona por lo general consume 150 libras de azúcar anualmente, lo cual es increíble pero cierto.
Entre estos azúcares destructores podemos mencionar:

- Splenda
- Sacarina
- Sirope de agave
- Jarabe de maíz

Los peligros del azúcar

- Afecta el balance hormonal en hombres y mujeres
- Afecta el hígado, produciendo células adiposas
- Afecta el nivel de los electrolitos en el cuerpo
- Es parte de la aparición de cándida en el cuerpo
- Causa acidez en la saliva produciendo caries, placa y enfermedades en las encías

- Causa daños oculares
- Causa enfermedades autoinmunes como: artritis, asma, diabetes y esclerosis múltiple
- Causa gran pérdida de elasticidad en los tejidos
- Causa horribles fluctuaciones en los niveles de la sangre y la insulina
- Provoca cálculos biliares
- Es la causa número uno de obesidad
- Provoca subidas terribles de adrenalina, ansiedad, hiperactividad, letargo y una tremenda irritabilidad en adultos
- Causa terribles alergias
- Causa vejez prematura
- Contribuye a la depresión y al desarrollo de la osteoporosis
- Provoca dolores de cabeza y migrañas
- Daña permanentemente el páncreas
- Debilita la absorción de minerales
- Debilita el sistema inmunológico, haciéndolo más susceptible a enfermedades infecciosas
- Causa mayor de constipación

Azúcares artificiales

Estos están considerados como los más peligrosos para nuestra salud. Son una bomba de tiempo por su alto contenido de ingredientes sumamente venenosos. Los científicos estadounidenses han descubierto que los alimentos endulzados con azúcares artificiales sin calorías contribuyen al aumento de peso y los niveles de grasa en el cuerpo.

Un estudio realizado con ratas de laboratorio indicó que un grupo de ratas que consumió azúcar artificial en comidas y bebidas engordó dramáticamente. Las ratas que consumieron más calorías y no consumieron azúcares artificiales mantuvieron un peso más estable.

Los siguientes azúcares artificiales son hechos con químicos demasiado tóxicos y destructivos:

Aspartamo: Nutrasweet y Equal
Sacarina: Sweet & Low y Sugar Twin
Sucralosa: Splenda

Por favor no consumas estas clases de azúcares artificiales. Sería el riesgo más grande en que puedes poner tu salud. Los daños causados por estos productos son muy similares a los causados por el azúcar blanco procesado.

En América y el resto del mundo hay una adicción horrorosa a los alimentos que contienen azúcar. Repito nuevamente: por favor lee las etiquetas antes de comprar los alimentos que consumes diariamente.

El otro problema es que todo lo están substituyendo con estos azúcares. El hecho de que un producto tenga cero calorías no significa nada, pues está infestado de azúcares artificiales. Lamentablemente, la mayoría piensa que es saludable y por ende los consumen sin ningún problema. No creas más en esa mentira por favor.

Grasas trans que matan

Estas grasas se encuentran más que todo en alimentos elaborados industrialmente como:

- Aderezos comerciales para ensaladas
- Chocolates de toda clase o marca
- Doritos
- Hamburguesas
- Margarinas
- Masa para cualquier clase de tamales
- Panes comerciales
- Papas fritas
- Pastelería hecha industrialmente
- Quesos de toda clase
- Alimentos freídos industrialmente, en restaurantes o en casa

Efectos de las grasas esenciales

Cuando en nuestra dieta faltan los aceites o grasas esenciales, los cuales el cuerpo necesita, nos veremos afectados con terribles problemas de salud, experimentando diferentes síntomas debidos a esta deficiencia. Estos son unos de los problemas más frecuentes que encontrarás:

- Pérdida en las mujeres embarazadas
- Caída del cabello
- Crecimiento retardado en los niños
- Circulación deficiente
- Condiciones artríticas
- Debilidad
- Degeneración del hígado

- Degeneración de los riñones
- Infertilidad en los hombres
- Inflamación de los tejidos
- Eccema de la piel
- Excesiva perdida de agua al sudar
- Heridas que toman tiempo para sanar
- Glándulas que se van secando
- Perdida de la coordinación
- Problemas coronarios
- Retención de líquidos (edema)
- Sistema inmunológico comprometido
- Sistema metabólico bajo
- Problemas de visión
- Excesiva perdida de agua al sudar
- Heridas que toman tiempo para sanar
- Glándulas que se van secando

Estos síntomas o degeneraciones ocurren por la deficiencia de omegas 3, 6 y 9, los cuales son de suma importancia para cada ser humano. Cuando ingerimos los alimentos apropiados que necesita el cuerpo diariamente, ocurrirán cosas maravillosas. Los órganos se van a regenerar poco a poco, causando cambios increíbles que muchas veces ni imaginamos.

Si deseas informarte más sobre las grasas que curan y matan, te recomiendo que leas un libro escrito por Udo Erasmus "*Fats that kill, fats that heal*", ya que te dará los detalles científicamente comprobados respecto a este tema.

Enfermedades causadas por grasas malas

- Adicciones
- Alergias
- Arteriosclerosis
- Artritis
- Asma
- Cáncer
- Constipación
- Colesterol alto
- Diabetes
- Diferentes anomalías del sistema inmunológico
- Enfermedades cardiacas
- Enfermedades de la piel
- Enfermedades femeninas
- Envejecimiento prematuro
- Fatiga crónica
- Hipertensión
- Esclerosis múltiple
- Obesidad

Comida procesada que mata

La comida procesada es una de las más consumidas diariamente por nuestra sociedad. Desafortunadamente, esta clase de comida nos ha fascinado hasta el punto de volvernos completamente adictos.

Sin saber, e incluso sabiendo el por qué es tan destructiva, la seguimos consumiendo diariamente. Esta comida no tiene ningún valor nutricional para nuestros cuerpos. Es cierto que satisface temporalmente, pero jamás nos va a nutrir de la manera correcta.

Estamos rodeados de supermercados que están supliendo al consumidor de una variedad inmensa de comida chatarra la cual está empaquetada, enlatada y presentada de forma muy atractiva. De esta manera resulta atractiva para el consumidor por su tan llamativa y colorida presentación, variedad de tamaños, envolturas, sabores, colores y lo que dice acerca de su valor nutritivo: bajo en grasa, sin glutinosa, sin sal, orgánico, 100 %natural y otras falsedades.

El poder de la mercadotecnia manipulará siempre al consumidor; las etiquetas, colores y promesas hechas por estos verdaderos magos lo llegará a convencer del porqué debe consumir tales alimentos. Ya sean niños o adultos, a nadie le interesa leer de qué están compuestos estos

87

productos en las etiquetas de valores de nutrición.

Es importante leer las etiquetas de cada cosa que ponemos en nuestras bocas. Muchas veces estamos poniendo una bomba de tiempo que explotará eventualmente, creando una gran cantidad de problemas de salud crónicos y degenerativos.

Respecto a esto, una iniciativa muy interesante es la que se acaba de aplicar en Chile con su nueva Ley de Etiquetados, la cual obliga a todas las compañías productoras de alimentos a colocar etiquetas en sus envases informando al consumidor el contenido de sustancias toxicas. Las etiquetas son:

- Alto en azucares, sodio o calorías
- Alto en grasas saturadas

De esta forma, el público puede razonar antes de adquirir alimentos. Es realmente alarmante tomar un paquete de galletas dulces y ver aquellas cuatro etiquetas bien feas en su envase. ¡Imagina cuanto tiempo has comido esta clase de alimentos sin saber lo que contenían! Muchas personas se han llevado terribles sorpresas al ver que los alimentos que consumieron por años, pueden llevar incluso las cuatro etiquetas. Sería algo espectacular que esta Ley se aplicara en todos los países.

Muchas veces esta clase de alimentos procesados nos ayudan a sentir una paz emocional al consumirlos, pues cuando nos sentimos tristes, estresados o desvalorados, los consumimos, para así poder escapar de la realidad que estamos sintiendo en ese momento. Hay muchas razones escondidas del por qué muchos consumen este tipo de alimentos:

1 — La programación y la costumbre de comer comidas chatarra desde niños es más fuerte

2 — La conveniencia de comprar ya todo listo, ya que esta comida solamente necesita calentarse y está lista para ser consumida

3 — Socialmente están rodeados por amistades que comen lo mismo

4 — En eventos sociales, la mayoría de la comida que ofrecen es tóxica y procesada, y muy pocos se atreven a decir "no"

5 — La mayoría no está acostumbrado a preparar comidas en casa

6 — La cantidad de comida tóxica en sus gabinetes o despensas es muy conveniente para consumirla a la hora que sea

7 — No están informados acerca de los peligros escondidos en sus comidas

8 — Nunca leen las etiquetas en las cajas, paquetes o frascos de los cuales consumen diariamente

9 — La mayoría, aunque sepa de las consecuencias que trae el consumo de comida tóxica y rápida, lo sigue haciendo

10 — Nunca consumen alimentos orgánicos, pues piensan que son un robo para el consumidor

11 — No les gusta hacer cambios, y menos modificar su estilo de vida a uno mucho más sano del que llevan

12 — Hacen dietas donde cortan gran cantidad de carbohidratos, ácidos grasos y azúcares temporalmente, pero luego vuelven a comer los mismos alimentos que han comido por siempre

13 — Sus dietas se componen mayoritariamente de carnes de todo tipo

14 — Poco consumo diario de frutas, vegetales, legumbres, nueces y semillas frescas

15 — No quieren admitir una responsabilidad con ellos mismos

16 — Están acostumbrados a tomar suplementos, vitaminas y minerales en pastillas

17 — Suelen consumir píldoras mágicas para adelgazar

18 — Consumen sodas, las cuales, aunque sean de dieta, son demasiado tóxicas para el cuerpo

19 —Consumen bebidas alcohólicas tóxicas y acidas para el organismo

20 — El consumo de drogas recetadas por los médicos y recreativas

21 — La cantidad de emociones atrapadas que los impulsan a comer alimentos tóxicos

Enfermedades causadas por la comida procesada

La comida procesada es la causante de una infinidad de enfermedades en nuestra sociedad, comenzando por una simple gripe hasta las enfermedades más crónicas y mortales que existen en esta época.

No voy a enumerarlas, pues son muchas. Creo que ya estás familiarizado con estas. Quizá muchos de tus familiares, amigos y conocidos padecen de terribles y crónicas enfermedades.

La mayoría de estas enfermedades son causadas por la alteración de los productos, los cambios que sufren al ser procesados, ya sean altos cambios en temperaturas, el uso de colorantes artificiales, preservantes, acondicionadores, ablandadores, saborizantes, aditivos y azúcares artificiales.

El noventa por ciento del dinero gastado en comida aquí en América se invierte en comprar comidas procesadas; es escalofriante decirlo, pero es la cruel verdad. Es triste, pero la conveniencia de esta variedad de comidas rápidas o chatarra preparadas en cuestión de segundos para el consumidor son las que están llevando a generación tras generación a desarrollar enfermedades devastadoras en nuestra sociedad, llevando a mucha gente a la tumba.

Estudios llevados a cabo en los Estados Unidos de América testifican que las generaciones nuevas son mucho más débiles que las de nuestros padres, abuelos y tátara abuelos, todo debido a la tecnología e inventos creados por el hombre, como la gran revolución de las comidas rápidas, el invento del microondas, la gran cantidad de comida chatarra empaquetada que las multinacionales producen diariamente, los altos contenidos de preservantes, colorantes, grasas ácidas tóxicas y azúcares procesados hechos del jarabe de maíz y muchos más ingredientes escritos en sus etiquetas, las cuales tienen unos nombres tan complicados que ni siquiera podemos deletrear o pronunciar. La lista de ingredientes es tan inmensa que muchos se dan por vencidos y confían que se trata de buenos productos.

Siempre hemos confiado en la mercadotecnia. Ya es hora de no confiar más en todos estos productos procesados. Entre más limpio, fresco, entero y orgánico sea lo que consumes, mucho mejor.

Aprende a preparar todo en casa. Esta decisión será una de las más sabias que puedes tomar para tu salud y la de tu familia.

Cuando compres algún producto, por favor mira los ingredientes de los que está compuesto. Entre menos ingredientes tenga el producto, más saludable será. Acuérdate de mirar la cantidad de azúcares, qué clase de azúcar y sal y también los ácidos grasos que contiene.

— Nota —

Si eres una ama de carne, te aconsejo que prepares comidas más naturales, como en los viejos tiempos, donde todo se hacía fresco y nada se hacía pre-cocinado. En cuanto a carnes, trata de minimizar su consumo, pues en la actualidad la mayoría de estas están demasiado contaminadas.

Carnes procesadas que matan

Por lo general, la carne no puede faltar en ningún hogar latino. Por naturaleza hemos sido siempre amos de la carne, sin importar de qué tipo. Una comida sin carne no es comida para muchas personas en la comunidad latina. El problema es que estas por lo general son extremadamente dañinas para nuestros cuerpos por su contenido tóxico y ácido.

Por lo general, las carnes contienen antibióticos, hormonas, parásitos, preservantes, aditivos, ablandadores y carcinógenos que son letales para nuestra salud, afectando más que todo a los intestinos, al estómago y al sistema cardiovascular causando muchas enfermedades, entre ellas el cáncer.

Las carnes que van a causar más problemas a nuestra salud son las carnes procesadas: carnes enlatadas, carnes frías (para sándwich o emparedados), salchichas, carnes a la parrilla o asadas, carnes secas y carbonizadas. Todos esos procesos a las que las carnes son sometidas están ligados con el cáncer.

El preservante más usado en las carnes frías y embutidos es el *nitrato de sodio*, el cual está considerado como el veneno letal más asociado con diferentes tipos de cáncer. Uno de los problemas más grandes que poseen las carnes, es el de que tienen cero contenido en fibra, lo que las hace muy duras de digerir; por ejemplo, un pedazo de carne roja toma de veinticuatro a cuarenta y ocho horas en ser digerido.

Otro problema son los metales pesados y las toxinas que van deteriorando nuestros órganos poco a poco, que por lo general están presentes en los tejidos gordos de las carnes. Espero que te haya quedado claro el por qué no debes consumir grandes cantidades de carne.

Además, no podemos dejar de lado la crueldad y el dolor al que estos animales son sometidos en el momento en que están siendo asesinados brutalmente por personas que gozan haciendo esa clase de trabajo tan inhumano. Toda esa vibración de miedo, ansiedad, terror, dolor y angustia que pasó el animal en el momento de su muerte tan trágica, será transmitida a las personas que consuman su carne. El contenido de cortisol en el animal asesinado es sumamente alto.

La mayoría de estos animales han sido criados en fincas que se dedican a criar animales al por mayor para el consumo diario de la sociedad. Estos pobres animales crecen enjaulados, maltratados, abusados, descalcificados, desmineralizados, desnutridos, enfermos de varias dolencias, desarrollando enfermedades que serán transmitidas a quien los consuma.

En las fincas que se dedican al crecimiento de ganado, los animales no están al aire libre. Por lo general todos están enjaulados como sardinas. Al enfermarse, son tratados con antibióticos, hormonas y químicos para poder mantenerlos vivos, engordando, listos para asesinarlos a su debido tiempo, Estos pobres animales (vacas, terneros, cerdos, gallinas, peces), no tienen la libertad de moverse, correr, tomar aire fresco, sol, agua limpia, pasto fresco o alimentación especial; al contrario, son tratados y abusados terriblemente.

Como puedes darte cuenta, la crueldad hacia nuestros animales es algo terriblemente inhumano. Yo creo que, si estuviésemos en el lugar de ellos, a ninguno de nosotros nos hubiese gustado ser tratados sin compasión y ser torturados, abusados, humillados y completamente ignorados. Estos animalitos han sido creados por Dios para amarlos y respetarlos, y no para torturarlos o comerlos.

Una de las enfermedades causadas por el consumo de carnes procesadas y cocinadas, como les mencioné al comienzo de este artículo, es el cáncer. Ya sea al intestino, al estómago, al esófago o a los pulmones, también podemos sufrir de colesterol alto, presión arterial alta, ataques cardiacos, arteriosclerosis, enfermedades respiratorias, enfermedades del hígado y muchas más debido al consumo diario.

También toda clase de carne está contaminada e infestada por bacterias, virus, gusanos y parásitos. El consumo de cualquier clase de carnes infestada invadirá tu cuerpo poco a poco, afectando los diferentes órganos y proliferándose, causando tumores o quistes malignos con el tiempo.

Yo te sugiero que no consumas carnes procesadas ni convencionales. Si de verdad eres adicto a las carnes, te recomiendo que solo consumas carnes orgánicas, o sea libres de hormonas, antibióticos y de otros fármacos, ojalá de animales que hayan sido criados al aire libre y alimentados solo con alimentos orgánicos.

Sal procesada que mata

Considerada como una de las drogas y preservantes más adictivos que existen, la sal que todos consumen en sus hogares es la sal de mesa (cloruro de sodio) catalogada, junto al azúcar refinada, como unos de los venenos más terribles que se consume a diario en nuestras dietas. Esta sal, hecha por el hombre, está compuesta de fluoruro de cloro, aluminio y yodo, convirtiéndola en una verdadera bomba de tiempo, causando terribles reacciones y enfermedades. La ignorancia o falta de información nos hace desconocer el daño tan terrible que la sal puede acarrear; muchos consumen más sal de lo que realmente se necesita diariamente.

Todas las comidas procesadas, enlatadas, embotelladas, congeladas, chatarra, empaquetada, quesos, están completamente saturadas de sales procesadas o de mesa, la cual ayuda a su preservación. Por esta razón enfatizo la importancia de mirar las etiquetas de todo lo que compras en los supermercados.

Enfermedades causadas por exceso de sal

La sal refinada en general causa enfermedades terribles como la hipertensión, la cual afecta a millones de personas mundialmente. También afecta al sistema nervioso, el cerebro, el corazón, los riñones, los ojos, crea inflamación crónica en ciertos órganos y muchas más anormalidades.

El consumo de este veneno nos hace retener mucha agua causando la enfermedad más común que sufrimos, el *edema*, el cual sobre todo para nosotras las mujeres es un poco irritante, pues podemos de un día para otro aumentar 10 libras sin saber por qué nos
sentimos más pesadas e inflamadas.

También otro de los factores trágicos para la mujer, es que esta sal causa envejecimiento prematuro en la piel, haciéndonos ver viejos a una edad prematura.

Lácteos procesados que matan

Desde cortas edades hemos sido programados por nuestras familias para consumir de 3 a 6 vasos de leche diariamente para poder calcificar los huesos, crecer, tener un buen cabello, uñas fuertes y largas y dientes y piel increíblemente bellas, lo cual no es más que un gran mito. En los últimos años nos hemos enterado que el consumo de productos lácteos procesados es otro veneno fatal para nuestros cuerpos.

De hecho, muchos son extremadamente alérgicos a estos productos y no los pueden consumir. Diferentes investigaciones realizadas en algunas universidades en los Estados Unidos y Europa nos han informado que no necesitamos leche de otro animal para vivir calcificados; esta clase de leche procesada, homogenizada y pasteurizada es otro enemigo a ignorar.

La leche, la sal y el azúcar refinado han sido los tres inventos que han contribuido en gran medida a la degeneración de nuestra salud mundialmente.

Otra de las razones por la cual yo no volví a consumir productos lácteos fue por el contenido tan alto en bacterias, patógenos, antibióticos y hasta indicios de sangre en la leche procesada que se vende en todos los supermercados.

Otra cosa que se ha ignorado por mucho tiempo es que en los criaderos de ganado por lo general utilizan varias hormonas que son inyectadas en los animales para que puedan producir más leche y crecer rápidamente para así ser ejecutados y consumidos.

Estos productos lácteos procesados son usados en helados, postres, repostería, quesos crema, yogures, flanes, dulces, chocolates, jugos, quesos, mantequillas y muchos más. Desafortunadamente los países que sufren más problemas de osteoporosis son los Estados Unidos y Finlandia, donde el consumo de estos productos lácteos es exagerado.

Enfermedades causadas por lácteos

Los productos lácteos mencionados anteriormente están saturados de grasa, la cual nos va a afectar horriblemente; esta grasa subcutánea se va acumulando poco a poco causando problemas como la obesidad, derivando en un problema casi mundial. No solamente afectará a nuestro aspecto físico, también afectará a nuestra salud interna. Toda esta acumulación de grasas tóxicas afectará otros órganos como el corazón, las arterias, las venas, el hígado, la piel, las articulaciones y otros más que se irán degenerando y deteriorando con el transcurso del tiempo. Las enfermedades más reconocidas causadas por un alto consumo de lácteos son:

- Ataques cardiacos
- Alergias en la piel
- Cáncer a la próstata
- Cáncer a los senos
- Cáncer al útero
- Cáncer al intestino
- Constipación crónica
- Diabetes
- Fibromas en las mujeres
- Gas e Inflamación del abdomen
- Obesidad
- Osteoporosis
- Reumatismo
- Tumores

Sodas

Como sabes muy bien, las sodas son otro veneno que han producido las grandes empresas multinacionales, con sus grandes contenidos de azúcar procesado y jarabes de maíz.

Estas terribles bebidas son otras bombas de tiempo. Han enfermado a millones de personas mundialmente, volviéndolas adictas por sus contenidos de químicos que van degenerando y dañando cada órgano de nuestro cuerpo.

Estas sodas son unas de las principales causantes de obesidad, descalcificación de los huesos, problemas estomacales, diabetes, problemas cardiacos y un sin número de anomalías, además de horribles y crónicas enfermedades como el cáncer.

Aun mucha gente después de saber todos los peligros y consecuencias que estas producen, siguen consumiéndolas. Muchas personas piensan que la solución a este problema es el comenzar a ingerir sodas de dieta que supuestamente tienen "cero calorías". Pero no es así, de hecho, las sodas de dieta elaboradas con azúcares artificiales, puestas en el mercado desde los años 50's y 60's, han causado índices altísimos de muertes.

Alcohol

El alcohol está considerado como otro de los inventos más terribles consumido por siglos por el ser humano. Este vicio está considerado como uno de los más destructivos y adictivos para la humanidad. Es considerado una droga recreacional como la marihuana, la cocaína, la heroína y otras.

Además, es extremadamente ácido y destruye uno de nuestros órganos más importantes: el hígado, el cual es uno de los principales órganos en el cuerpo humano. Su función es vital para cada persona, pues este ayuda a filtrar, metabolizar, limpiar y distribuir todo lo que comemos. El alcoholismo, el cual se vuelve una adicción, es extremadamente difícil de curar, y está caracterizado por producir daños físicos a otros órganos como el corazón, cerebro, el sistema nervioso, el cual controla nuestro equilibrio y balance, y también a nuestro comportamiento en la vida cotidiana.

Desafortunadamente, en nuestra comunidad latina todo es celebrado con bebidas alcohólicas, ya sean bautizos, cumpleaños, primeras comuniones, fiestas de quinceañeras, bodas, aniversarios, navidades, años nuevos, partidos de fútbol, tenis, baloncesto, conciertos, fiestas de despedidas de soltero o soltera, idas a las discotecas, cenas especiales y muchas otras, donde se consume desde cervezas hasta el trago más caro que se pueda comprar en las licorerías.

Cada vez que celebramos algo con bebidas alcohólicas, sin darnos cuenta estamos apoyando a una de las industrias más ricas mundialmente.

Muchos de nuestros padres, familiares en general, amigos, vecinos adolescentes y niños se ven afectados diariamente por tan tremenda y horrible adicción. Esta droga es utilizada como una máscara en la cual se esconden muchas emociones. Muchos lo consumen por una cuestión social, otros porque les gusta el efecto o sus sabores, otros por sentirse extremadamente relajados y expresivos pues por lo general son individuos extremadamente introvertidos, otros son influenciados o presionados por sus amigos, y otros porque ya están terriblemente adictos.

El alcohol puede producir enfermedades como:

- Cáncer en el sistema digestivo
- Daños al feto en mujeres embarazadas
- Daños al sistema nervioso
- Daños emocionales (depresión, ansiedad)
- Daños en el hígado
- Daños en el páncreas
- Destrucción total física y emocional
- Hipertensión
- Problemas digestivos
- Problemas sexuales

Los efectos del consumo de bebidas alcohólicas

A medida que el individuo comienza a consumir alcohol, los efectos van a escalar y afectar a los órganos de diferentes maneras, impidiéndole poder expresarse, caminar, visualizar y operar vehículos, pues correrá peligro no solamente él, sino la gente que lo rodea. Cada día mueren muchas personas por exceso de consumo de esta verdadera droga recreacional en accidentes de tráfico.

Hay cuatro etapas en el alcoholismo:

Primera etapa

El individuo se ve relajado, comunicativo, sociable, y lo más importante: desinhibido. Esto ocurre más o menos bebiendo desde 2 a 4 bebidas (dependiendo del peso del individuo y la tolerancia que tenga a esta droga).

Segunda etapa

La conducta del individuo es esencialmente emocional, errática, presentando problemas de juicio, existiendo un poco de dificultad en la coordinación muscular, también trastornos de visión y de equilibrio, lo que provoca inestabilidad.

Tercera etapa

El individuo se ve horriblemente afectado por confusión mental, se tambalea como una palmera al caminar, tiene doble visión, no puede enfocarse en nada, también presenta reacciones variables de comportamiento como pánico y agresividad. En esta etapa nos podemos dar cuenta de la forma en que esta droga se apodera de nuestras emociones afectando nuestra manera de expresarnos, pues va a ser muy difícil poder expresar lo que queremos decir pues nadie nos va a entender claramente. Esto ya es patético, ¿no te parece?

Cuarta etapa

Perdida de balance, incapacidad de ponerse completamente de pie, vómitos frecuentes, incontinencia de la orina, estupor, aproximación a la inconsciencia. Esta etapa se caracteriza por la pérdida de control del individuo. Muchas personas llegan a beber hasta este punto donde se desesperan y pueden llegar al suicidio, pues se sienten unos entes incompletos sin poder controlar sus emociones y reacciones físicas.

— Nota —

El abuso del alcohol se refleja cuando el individuo llega a sentirse completamente intoxicado, quien por lo general no puede cumplir con sus obligaciones, poniendo en peligro su propia vida y la de los demás.

Los individuos bajo la influencia del alcohol también desarrollan conductas de violencia. Cuando estos episodios se repiten con frecuencia es cuando desarrollan dependencia y no pueden vivir sin él, causando fastidio social hacia otros individuos y su propia familia.

Si sufres de esta terrible adicción al alcohol o a otra droga recreacional como la cocaína, pastillas alucinógenas, marihuana, heroína, y muchas más, entonces no estás solo. Ve a tu centro más cercano para buscar ayuda inmediata. Ten en mente que para todo hay solución. Debes hacerte responsable de ti mismo y reconocer tu adicción.

Tabaco

Este es otro tóxico letal, tanto para el fumador como para quienes no fumamos. El humo de cualquier cigarrillo, tabaco de pipa o cigarro de mascar, contiene 4000 compuestos químicos que son inhalados automáticamente por el fumador y las personas que se encuentran en sus alredededores intoxicándolos de una manera injusta.

De hecho, la inhalación de este humo es mucho más tóxica para los no-fumadores, ya que causa tremendos estragos de salud, como enfisemas, alergias y cáncer pulmonar, sobre todo al estar expuestos a este tóxico por cantidades extensas de tiempo.

La nicotina en el tabaco llega al cerebro en cuestión de segundos, distribuyéndose rápidamente por el organismo, envenenando los órganos poco a poco, viéndose más tarde los estragos causados. Este horrible vicio está considerado como uno de los problemas más graves a nivel de salud pública. El tabaco puede provocar cáncer en la boca, estómago, garganta, laringe, labios y pulmones.

Drogas

Los fármacos que son prescritos por los médicos por lo general son una cura temporal dependiendo del problema que se tenga. Desafortunadamente, estos aliviarán los síntomas de la enfermedad, pero no la curarán.

Estas drogas prescritas por lo general son adictivas. Algunas contienen opio, lo que causa adicción completa a estas pastillas. Todo tipo de droga que te sea recetada aliviará temporalmente tus síntomas, pero a la vez traerá una serie de consecuencias mortales a otros órganos.

Yo creo que muchos se han dado cuenta cada vez que recogen sus medicinas de la farmacia de la gran cantidad de efectos secundarios que vienen escritos en sus folletos. Aun en los comerciales de televisión podemos escuchar y ver cómo las compañías de drogas multinacionales e internacionales nos lavan el cerebro haciendo ver sus remedios como la única salvación a nuestros problemas.

Ya es hora que despertemos de este terrible engaño. Muchos por lo general dependen de lo que el medico diga y les prescriba. La industria de la farmacología es una de las más ricas mundialmente. Los médicos por lo general son pagados por estas diferentes casas farmacéuticas para distribuir remedios a los pacientes dándoles unos suculentos bonos a quienes más los promueven.

Efectos secundarios de todo tipo de drogas

- Adicción
- Agresividad
- Ansiedad
- Ataques de pánico
- Aumento de peso
- Cambio en los ciclos menstruales en la mujer
- Cambios negativos en la personalidad
- Cansancio en general
- Constipación
- Depresión
- Desangramiento
- Dolores de cabeza
- Dolor en los huesos
- Ganas de suicidarse
- Infertilidad
- Insomnio
- Mareos y náuseas
- Palpitaciones irregulares del corazón
- Pérdida de peso
- Pesadillas
- Riesgos de un coma
- Sudor en exceso
- Vómitos

11 cosas que necesitamos diariamente

1 — Amor

Uno de los nutrientes más importantes para el ser humano. Hay que dar y recibir amor incondicionalmente. Un humano que no sepa dar amor, jamás progresará en su vida.

2 — Aire

Esencial para oxigenar nuestros cuerpos mediante respiración y ejercicio. Científicamente, sin aire por 4 minutos, seríamos unos entes.

3 — Agua

Importantísima para rejuvenecer el cuerpo y desechar las toxinas. Como máximo, el cuerpo puede sobrevivir 3 días sin agua.

4 — Carbohidratos

Encargados de la producción de energía en el cuerpo (frutas y vegetales).

5 — Enzimas

Facilitan una digestión optima, (bebidas fermentadas, jugos frescos verdes y suplementos enzimáticos).

6 — Grasas esenciales

Importantes para el funcionamiento ideal de los
órganos (omegas 3,6 y 9 como semillas de linaza
o aceite, semillas de chía, aceite marca Udo's).

7 — Minerales

Importantísimos para la función óptima del
sistema (súper alimentos, suplementos como
árnica, pastillas de alfalfa y vegetales del mar).

8 — Proteínas

Aminoácidos esenciales para la renovación de las
células, músculos, etc. (carnes orgánicas, nueces,
vegetales, legumbres, leche cruda sin procesar y
otros).

9 — Prebióticos

Importantes para el balance de los intestinos en
cuanto se refiere a la flora amistosa (suplementos,
bebidas o comidas fermentadas).

10 — Sal de Mar

Importante fuente de Vitamina D, la cual es
esencialísima para el sistema inmune y también
una fuente inmensa de minerales.

11 — Vitaminas

Esenciales para el funcionamiento óptimo de los
órganos (frutas, verduras y súper alimentos).

Alimentos orgánicos que nos sanan

A continuación, te informaré sobre cuales son realmente los alimentos claves para poder tener una salud óptima.

La mayoría de nosotros hemos nacido con deficiencias en vitaminas y minerales que, a medida que vamos creciendo, se van empeorando, causándonos diferentes enfermedades tales como jaquecas, alergias, dolores, acné, problemas de tiroides, cansancio, dolores en las articulaciones, y muchas más.

Después de haber leído los primeros principios en este libro, ya tienes una idea aproximada del por qué nos sentimos tan mal; todo se remite a una toxicidad aguda. Hay grupos esencialísimos para una óptima salud; estos deben ser incluidos diariamente en tu alimentación ya seas vegetariano, vegano, pescetariano, o tengas una dieta regular.

Azúcares naturales que sanan

El elemento principal que compone nuestra sangre es la glucosa, la cual es una de las fuentes que genera energía en nuestros cuerpos. Las diferentes clases de azúcares que consumimos afectan al cuerpo de diferentes maneras causándonos terribles fluctuaciones en los niveles de la sangre, provocando subidas o bajadas en los niveles de glucosa del cuerpo. A continuación, te informaré sobre las clases de azúcares más naturales que podemos consumir diariamente sin correr riesgos de ningún tipo.

Melaza negra

Conteniendo solamente un 35% de azúcar, es riquísima en minerales, hierro y todas las vitaminas B, necesarias para nuestro sistema nervioso y su funcionamiento adecuado.

Néctar de agave

Se ha considerado de los más saludables para nuestra salud por su contenido en vitaminas y minerales, los cuales beneficiarán nuestra salud de una manera increíble.

Stevia

La ventaja de esta maravillosa planta original de Sudamérica es que es 100 por ciento natural y no tiene calorías. Es ideal para cualquier persona, sobre todo para quienes sufren de diabetes. Es el tipo de azúcar más segura que podemos consumir hoy en día.

— Nota —

Te aconsejo que uses la stevia, ya que es 100% natural, derivada de una planta; no debes preocuparte por las calorías pues posee cero, así que puedes hacer panqués, panes dulces, galletas de dulce, postres, jugos y endulzar muchas cosas sin preocuparte.

Aceites naturales orgánicos que sanan

El aceite crudo orgánico y prensado en frio está considerado como uno de los más nutritivos y primordiales en nuestra dieta. Años atrás fue vetado de nuestras cocinas, pues se le culpaba de incrementar las subidas de colesterol en el organismo, siendo causante de terribles enfermedades.

Por falta de información, la población dejó de consumir aceites y grasas esenciales para sus cuerpos sin saber que estos son de suma importancia para nuestra salud.

Lo importante es el saber escogerlos e identificarlos sin dudar ni un minuto, pues los beneficios de estos aceites acarrean un gran valor nutritivo, curativo y balanceado en nuestras dietas. Estos aceites que sanan nuestros cuerpos también son llamados "grasas ácidas esenciales". El proceso de estos aceites es completamente natural y puro, pues no son procesados.

Estos han sido "prensados en frio" lo cual no destruirá su valor nutricional y van a mejorar tu salud de una manera extraordinaria. Revisémoslos a continuación:

Aceite de olivia
(prensado en frio, orgánico, crudo y extra virgen)

Uno de los más populares en nuestras cocinas por muchos siglos. Su sabor es exquisito, ofrece muchos antioxidantes, vitamina E, ácido oleico y fenoles, los cuales previenen la oxidación de las grasas ácidas en el organismo.

Como todos sabemos, este aceite está hecho de la fruta llamada oliva, la cual es muy usada en toda la zona mediterránea en Europa (Grecia, España e Italia). La mayoría de la gente en estas partes del mundo consumen de dos a tres cucharadas diarias, obteniendo increíbles beneficios para su salud.

Beneficios internos del aceite de olivia

- Ayuda a bajar de peso y rejuvenece
- Ayuda a controlar los niveles de azúcar en la sangre y balancea los ácidos grasos
- Ayuda a mejorar los síntomas de gastritis y ulceras
- Ayuda a proteger de enfermedades cardiovasculares
- Balancea los niveles de colesterol
- Estimula nuestro metabolismo
- Lubrica los músculos y tendones
- Mejora la presión arterial
- Previene el cáncer de mamas en la mujer
- Previene la formación de cálculos biliares
- Promueve una excelente digestión

Beneficios externos del aceite de olivia

- Ayuda a prevenir la calvicie
- Alivia las quemaduras causadas por el sol
- Humectante fenomenal para la piel y para el cabello
- Humecta las uñas y las endurece
- Excelente limpiador para usarlo en el cuerpo e incluso en muebles hechos de madera

Aceite de linaza
(prensado en frio, orgánico)

Caracterizado por su sabor a nuez, tiene unos beneficios similares al aceite de oliva. Este aceite está altamente reconocido por médicos, nutricionistas y educadores holísticos por su gran valor nutricional, el cual es catalogado como uno de los ácidos grasos más importantes en nuestra nutrición diaria.

El aceite de linaza es uno de los más completos, pues contiene los omegas que necesitamos diariamente como lo son el 3, el 6 y el 9. Este aceite está considerado uno de los más ricos en omega 3, el cual nuestro cuerpo no produce naturalmente; por esta razón lo debemos consumir a diario. También está considerado como uno de los aceites naturales más ricos ya que contiene vitamina B, magnesio, proteína, fibra y zinc.

Beneficios del aceite de linaza

- Alivia la inflamación de cualquier órgano
- Alivia los síntomas del reumatismo
- Aumenta el nivel de energía
- Ayuda a aliviar algunas alergias
- Ayuda a incrementar la función mental en los ancianos
- Ayuda a la absorción de calcio
- Ayuda a mejorar la función del hígado
- Ayuda a recuperar los músculos cansados
- Ayuda contra la retención de líquidos
- En algunos casos ayuda a aliviar el SPM
- Ayuda en el tratamiento de la arteriosclerosis
- Está científicamente comprobado que ayuda en algunos casos de depresión
- Endurece las uñas de las maños y los pies
- Nos protege contra el cáncer, ataques cardiacos y trombosis cerebrales
- El omega 3 ayuda a reducir el colesterol
- Previene la formación de coágulos en las arterias

Aceite o mantequilla de coco
(presando en frio, orgánico o crudo)

Por siglos, el gran enigma del aceite de coco ha sido un poco controversial. En los últimos siete años ha creado una fama increíble por sus beneficios tan maravillosos. En el pasado casi no se usaba, pues la creencia decía que era extremadamente dañino para el organismo. Varios estudios científicos han comprobado que es uno de los mejores aceites que podemos ingerir diariamente.

El aceite de coco es otra maravilla conocida por sus increíbles propiedades nutricionales, medicinales y cosméticas. El aceite o "mantequilla" de coco, conocido también como "el árbol de la vida", contiene varios ácidos grasos, uno de estos es el ácido láurico, el cual se ha comparado con la leche materna.

Es antivírico, antibacteriano y anti hongos; el coco contiene 57 por ciento de ácido láurico, y otro de sus componentes principales es el ácido fólico, rico en vitaminas B, calcio, magnesio, potasio, proteínas y muy bajo en carbohidratos; también es muy hidratante para el cuerpo pues su contenido de electrolitos es increíble.

Este producto es muy rico en sabor, aroma y textura; otra de sus ventajas es que es el único que se puede calentar a altas temperaturas sin causar oxidación a las células, ya que los demás aceites son muy oxidantes si se calientan. Este aceite está recomendado como el número uno para combatir la obesidad.

Beneficios del aceite o mantequilla de coco

- Acelera el metabolismo
- Excelente acondicionador para el cabello
- Anti-inflamatorio número uno
- Ayuda a la absorción de calcio y magnesio
- Ayuda a prevenir enfermedades de las encías
- Ayuda a prevenir enfermedades relacionadas con el hígado
- Ayuda a prevenir la osteoporosis
- Ayuda a proteger contra diferentes tipos de cáncer
- Ayuda a reducir el colesterol
- Ayuda a sanar y desinfectar heridas
- Ayuda al control de la diabetes
- Ayuda a la digestión
- Disuelve los cálculos renales
- Excelente humectante para la piel, las uñas y el cabello
- Funciona como antioxidante
- No contiene grasas hidrogenadas
- No ha sido blanqueado, refinado, ni hidrogenado
- Protege la piel de los rayos ultravioletas y previene el envejecimiento prematuro
- Protege las arterias contra la arterioesclerosis
- Tiene menos calorías que otros aceites

- Reduce el dolor y la inflamación causado por las hemorroides
- Reduce el estrés en el páncreas y el sistema enzimático del cuerpo

El aceite de coco tiene muchos más beneficios extraordinarios, así que, ya que sabes las ventajas de este fruto, por favor comienza a usar el aceite de coco en tus comidas. Sinceramente no te arrepentirás. Otro de los beneficios es que este delicioso aceite o mantequilla contiene ácidos de la cadena media, los cuales son digeridos por el cuerpo de una manera fácil.

El aceite de coco nos proporciona gran energía por su facilidad de ser digerido, acelerando el sistema metabólico. Tu cuerpo quemará muchas más calorías, lo que es favorable para quienes sufren de sobrepeso.

Hay otros aceites que recomiendo, ya que también son esenciales para nuestra alimentación; los beneficios de estos aceites que voy a mencionar tienen las mismas propiedades nutricionales y alimenticias que los que ya fueron mencionados anteriormente:

Otros aceites
(prensados en frio, orgánicos)

- Aguacate y Ajonjolí
- Avellanas y girasol
- Semilla de uvas

Frutas frescas orgánicas que sanan

Las frutas son el alimento perfecto, las cuales requieren poca energía para ser digeridas, y también son únicas, ya que por su contenido de fructosa nos dan la energía necesaria para el funcionamiento apropiado de nuestros cerebros.

Estamos rodeados de una variedad inmensa de frutas; algunas de ellas están en cosecha todo el año. La variedad en colores, sabores, olores y tamaños son increíblemente sorprendentes.

Sus valores nutricionales son maravillosos, pues la mayoría de las frutas están compuestas entre un 80 a un 95 por ciento de agua. Esto significa que son extremadamente hidratantes y potentes limpiadoras para nuestro cuerpo. Debemos consumir frutas diariamente, en la mañana preferiblemente. Consumiéndolas con el estómago vacío ayudan a limpiar, vitaminizar y mineralizar nuestros cuerpos. También nos harán disfrutar de una torrencial carga de energía durante el día.

Además de contener grandes cantidades de agua, las frutas nos ofrecen una cantidad enorme de minerales, vitaminas, enzimas digestivas, antioxidantes y fibra, facilitando el proceso de digestión y limpieza completa del sistema sanguíneo.

Está recomendado consumir de 4 a 5 frutas diarias. Hay algo importante que te quiero recordar: solamente consume frutas orgánicas, ya que estas tienen mejor valor nutricional. Las frutas se pueden comer de diferentes maneras:

1 — Al natural

Preferiblemente picadas en trocitos, o enteras, es la forma ideal de ingerirlas, pues su contenido de fibra es excelente para nuestra digestión, asimilación y eliminación de toxinas.

2 — En jugos

Obviamente preparados con fruta fresca y orgánica (sin congelar) es una de las maneras más fáciles de digerirlas, pues los jugos limpian y nutren el cuerpo rápidamente.

3 — Líquidos con agua

Estos se pueden preparar usando diferentes clases de fruta orgánica; se pueden mezclar de 2 a 3 frutas. Usa tu imaginación y experimenta con diferentes combinaciones, así sabrás cuales van a ser tus licuados favoritos. Las frutas están caracterizadas por sus niveles de ácido, dulzura y contenido de agua. Algunas personas tienen estómagos más delicados que otras, por esta razón deben estar informadas sobre cuáles son las más convenientes para ellas.

Frutas ácidas

Estas están caracterizadas por ser las más depuradoras y alcalinas para el cuerpo; en este grupo se encuentran las ciruelas, duraznos, limas, limones, manzanas, naranjas, piñas, tomates y toronjas.

Frutas bajas en ácido

Estas están caracterizadas por un poder menos desintoxicante y ser más fáciles de combinar. En este grupo se encuentran las manzanas, fresas, papayas, peras, duraznos, frambuesas, moras, damascos, cerezas, ciruelas, mangos, guayabas, tamarillas, arándanos dulces y muchas más.

Frutas dulces

Este grupo de frutas se puede combinar con la mayoría, con la excepción de las frutas acidas. En este grupo se encuentran las bananas, chirimoyas, zapotes, manzanas súper dulces como las Fujis, dátiles, uvas, uvas secas, las brevas o higos secos y muchas más.

Melones

Estas son las frutas más ricas, dulces y refrescantes por su alto contenido en agua, además de ser muy alcalinas para nuestros cuerpos e hidratantes naturales. No es aconsejable combinarlas con otras frutas; es mejor comerlas solas.

Frutas ricas en grasas

En este grupo se encuentran el aguacate, los cocos y el rey de las frutas llamado Durián, fruta proveniente de Asia con un sabor pugnante pero muy nutritivo.

Beneficios de las frutas

- Reducen la inflamación de los órganos
- Limpian el sistema sanguíneo
- Ayudan a la reducción de colesterol
- Ayudan a bajar de peso
- Son bajas en grasas y no contienen colesterol
- Bajas en sodio
- Extremadamente hidratantes
- Facilísimas de digerir
- Reducen el proceso de envejecimiento
- Reducen el riesgo de desarrollar cualquier tipo de cáncer
- Reducen el riesgo de desarrollar diabetes
- Reducen el riesgo de desastres cardiovasculares
- Reducen la constipación crónica
- Reducen la presión arterial
- Son ricas en antioxidantes, vitaminas, minerales, enzimas digestivas y fibra soluble e insoluble
- Pueden ser usadas en forma de mascarillas naturales

— Nota—

Siempre consume la fruta en su perfecto punto de maduración, pues es ahí cuando realmente te van a brindar su mayor potencial y beneficios. Las texturas, colores, aromas y sabores de las frutas ya maduras deben ser blandas, poseer colores más oscuros, deliciosas fragancias y sabores dulces y placenteros.

Si las frutas están un poco verdes, es mejor dejarlas madurar. Un jugo o licuado hecho con frutas verdes puede ser un verdadero desastre, primero porque es muy difícil de digerir, segundo, su sabor puede ser completamente simple y menos satisfactorio para cualquier paladar.

Las 10 frutas más completas

Estas diez maravillosas frutas están consideradas como las más completas por tener los cuatro nutrientes más valiosos, los cuales son la fibra, vitamina C, carotinoides (beta carotina) y foto nutrientes (los cuales ayudan a reconstruir el cuerpo). Son ricas en calcio y ácido fólico. Espero que las consideres en tu alimentación diaria.

1 — Aguacate orgánico

A esta fruta tan deliciosa la han considerado un vegetal. No es así. El aguacate está dotado de varios nutrientes esencialísimos para nuestros cuerpos. Es considerada como la fruta más completa del planeta por sus altos contenidos de proteína, fibra, niacina, tiamina, riboflavina, ácido fólico y zinc; también es rica en grasas mono insaturadas, las cuales son beneficiosas para el sistema cardiovascular, con cero colesterol. Su alto contenido de grasa esencial depende de dónde sea originario el aguacate. Los originarios de Florida se caracterizan por tener la mitad del contenido de grasa que los aguacates Californianos. Otra grasa esencial importantísima que contiene el aguacate es el omega 3, necesario en cualquier dieta, pues la mayoría de nosotros está muy bajo en él; como lo mencioné anteriormente, el cuerpo no produce esta grasa esencial. Debemos agregarla a nuestra dieta diariamente.

2 — Cantalupo orgánico

Está considerado como uno de los más ricos de todos los melones, por su gran contenido de agua (99 por ciento) contiene una gran cantidad de nutrientes, es riquísimo en vitamina A, vitamina C, potasio, vitaminas B3, B6, fibra y también beta carotina. También contiene carbohidratos, los que nos proporcionan la energía necesaria que el metabolismo necesita para funcionar apropiadamente. Otra cualidad de esta maravillosa fruta es que es bajísima en calorías y tremendamente refrescante, especialmente en los climas tropicales o cálidos. Su propiedad medicinal es enorme, pues ayuda a mejorar la visión y también es un limpiador y regenerador increíble para los pulmones.

3 — Damasco orgánico

Esta pequeña y aterciopelada frutita de color anaranjado extremadamente jugosa, está caracterizada por su gran cantidad de proteína, fibra, calcio, hierro, vitamina K, vitamina A y C, potasio y beta carotina, y por ser bajísima en calorías. Tres de estos damascos contienen las mismas calorías que las de una manzana mediana. Pertenece a la misma familia de los duraznos. Tiene varios beneficios increíbles para mejorar y proteger el corazón, la vista y los pulmones.

4 — Fresa orgánica

Caracterizada por su color rojo, su aroma excepcional y su forma de corazón, esta pequeña y delicada frutita se ha considerado por siglos como ideal para el romance, sobre todo en el día de los enamorados.

Son ricas en vitaminas B6, yodo, acido fólico, manganeso, hierro, cobre y una de las grasas esenciales: el omega 3; además, está llena de antioxidantes. Considerada como "la fruta luchadora contra el cáncer", protege el corazón de enfermedades cardiacas, también es uno de los desinflamantes naturales más potentes, y está considerada unas de las frutas más populares en todo el mundo. Uno de los cuidados que debemos tener al comprar las fresas es que deben ser orgánicas; las fresas regulares están tremendamente envenenadas por fumigantes y pesticidas, los cuales son extremadamente peligrosos para nuestra salud.

5 — Frutas cítricas orgánicas

Las frutas cítricas son extremadamente ácidas por ser muy ricas en vitamina C, extremadamente terapéuticas y alcalinas debido a su efecto desintoxicante por naturaleza. Las frutas cítricas tienen gran popularidad por sus fragancias, sabores y jugosidad. Estas frutas son las naranjas, limones, limas, toronjas, mandarinas, limón amarillo y pomelos. Todas estas maravillosas frutas contienen grandes cantidades de fibra, carbohidratos, calcio, cobre, potasio magnesio, niacina, vitaminas C y B6. Los cítricos tienen muchas propiedades medicinales y nutricionales, por ejemplo, ayudan a alcalinizar y contrarrestar muchas enfermedades. Las frutas cítricas no tienen ninguna propiedad negativa para nuestra salud. La mayoría de las personas piensan que son dañinas por su cantidad alta de ácido, pero cuando son digeridas en el cuerpo, su propiedad química cambia favorablemente, causando un efecto desintoxicante y alcalino.

6 — Guayaba orgánica

Con un aroma delicioso y suculento sabor, la guayaba es llamativa por su apariencia, sus diferentes colores y por estar llena de semillas pequeñas y crujientes. Esta deliciosa y aromática fruta está llena de vitamina C. Contiene cinco veces más vitamina C que una naranja. Rica en vitaminas A y B3, es un increíble antioxidante, contiene carotenoides y poli fenoles, licopina, potasio, magnesio, calcio, hierro y fibra, sus semillas ayudan a la limpieza del intestino, ayuda a bajar el colesterol, la vitamina C nos ayuda a proteger el daño de los órganos y tejidos de los ojos, el corazón y las arterias; también esta vitamina nos protege de resfriados, tos y flema. Es fenomenal para ayudar a sanar las enfermedades de la piel como el acné.

7 — Kiwi orgánico

Esta fruta es algo particular debido a su apariencia peluda, ovalada, de color verde, semillas negras y sabor dulce y jugoso. Se ha caracterizado por ser una de las frutas más altas en vitamina C. Un poco ácida, contiene más del doble en vitamina C que una naranja, también es rica en vitamina E, potasio, magnesio, manganeso, cobre y beta carotina. Sus beneficios son extraordinarios. El kiwi está considerado como un maravilloso antioxidante para nuestro cuerpo, tiene propiedades laxantes, posee las dos clases de fibra, soluble e insoluble, pues es fenomenal para la función adecuada de los intestinos, ayudando a la regeneración de los órganos.

8 — Mango orgánico

Esta deliciosa fruta está considerada como uno de los mejores y más completos antioxidantes, también se le llama "el rey de las frutas"; único por su sabor, fragancia y textura fibrosa, su carne es amarilla-anaranjada. El mango es rico en vitamina A (beta carotina), vitamina C, E, K, fibra, calcio, hierro, magnesio, manganeso, potasio, sodio, y zinc. Sus beneficios son increíbles; está considerado como una fruta anti cancerosa, es rico en enzimas digestivas, previene la acidez y promueve una digestión óptima, es extremadamente diurético y anti-inflamatorio. Por su alto contenido en hierro ayuda a prevenir la anemia y la diabetes. Su fibra ayuda a prevenir la constipación crónica, y por su alta cantidad de selenio ayuda a la prevención de enfermedades cardiacas.

9 — Manzana orgánica

Caracterizada por sus variedades, colores, sabores, olores y texturas crujientes, es un perfecto antioxidante. Rica en vitaminas y minerales, fenoles, flavonoides, vitaminas A, B, C, y G, calcio, fibra, fosforo, potasio, pectina, acido málico, y quirinca. Sus propiedades medicinales y nutricionales son enormes, ayudándonos a prevenir enfermedades cardiacas, reducir los altos niveles de colesterol, también ayuda a bajar la presión arterial manteniendo las paredes arteriales limpias, es extremadamente hidratante y actúa como diurético y adelgazante. Esta fragante fruta ayuda a controlar los niveles de glucosa en la sangre. Es ideal para los diabéticos. Previene el envejecimiento de los tejidos, ayuda a prevenir las arrugas, ayuda a eliminar el ácido úrico, combate el estreñimiento o constipación, previene el cáncer de colon, hígado, mamas y pulmones.

10 — Papaya orgánica

Cristóbal Colón la categorizó como "la fruta angélica", por su colorido, sabor, aroma y textura mantequillosa. También es considerada como una de las frutas más exóticas. La papaya tiene un contenido alto en beta carotina (vitamina A) e

increíbles antioxidantes como vitamina B, C, E y
K, acido patogénico, fibra, magnesio y potasio; la
combinación de todos estos nutrientes promueve
una salud cardiovascular optima, protegiendo
también del cáncer al intestino. Esta fruta
contiene una de las enzimas digestivas llamada
bromelina, la cual ayuda a la desinflamación de
los tejidos, ya sea causada por heridas, traumas o
cirugías. También ayuda a aliviar la inflamación en
enfermedades crónicas como son la artritis y el
reumatismo. Protege los ojos de la degeneración
ocular. Previene el cáncer de los pulmones.
Ayuda a proteger el sistema inmunológico contra
infecciones.

Hortalizas, vegetales y verduras orgánicas que sanan

Nuestros antepasados consumían más hortalizas, vegetales y verduras que carnes. En estos últimos siglos hemos minimizado el consumo de estos productos en nuestras dietas. Preferimos comer chatarra y comidas procesadas.

La solución la tenemos en nuestras manos. Minimizando el consumo de carnes podemos restablecer una salud óptima.

Son muchos los beneficios nutritivos que nos aportan las hortalizas y verduras; entre más oscura sea la verdura, más nutritiva será. Su color verde es producido por la clorofila. Las verduras tienen grandes cantidades de las siguientes vitaminas: A, B, C, D, E, K y P, también de minerales como: azufre, calcio, cloro, fosforo, hierro, magnesio, potasio y yodo, también están llenas de fibra, proteína y enzimas digestivas; sus texturas son crujientes, suaves, dulces, amargas, aromáticas, pugnantes y picantes, dándonos una variedad inmensa en nuestras comidas.

Al consumirlas diariamente nutren, rejuvenecen, energizan y desintoxican lentamente nuestros cuerpos. El consumo diario de verduras, vegetales y hortalizas nos protegerá de enfermedades terribles como el cáncer, diabetes, obesidad y enfermedades cardiovasculares.

Entre más consumamos la clorofila que la naturaleza nos brinda, nos sentiremos fenomenalmente alegres, con ganas de vivir, delgados, energéticos, rejuvenecidos e iluminados de belleza emanando del interior de nuestros cuerpos hacia el exterior creando una completa transformación. Es importantísimo consumir vegetales, verduras y hortalizas orgánicas ya que la anatomía de todo vegetal es extremadamente delicada, lo que los hace absorber cualquier químico o toxina fácilmente. Las personas vegetarianas o veganas por lo general se ven mucho más saludables que las personas que no lo son.

Los vegetales, verduras y hortalizas deben limpiarse muy bien. Por lo general la mayoría de estos vienen con tierra, insectos o larvas, aunque hayan sido limpiados en los supermercados, ya que la gente los manosea siempre antes de comprarlos.
Las hortalizas y verduras no se pueden dejar mojadas, pues tienen la tendencia a pudrirse fácilmente.

Beneficios de las hortalizas, vegetales y verduras

- Ayudan a la pérdida de peso
- Son bajas en calorías y en grasas
- Anti-inflamatorias
- Fáciles de digerir
- Excelentes reconstructoras para el sistema inmunológico
- Mucho más nutritivas y económicas que las carnes
- No tienen colesterol
- Previenen todo tipo de cáncer y enfermedades cardiovasculares
- Ricas en antioxidantes y foto químicos
- Ricas fuentes de clorofila y proteínas
- Ricas en fibra, vitaminas, enzimas digestivas, y minerales
- Ricas en las tres sales esenciales para nuestros cuerpos: calcio, magnesio, potasio y sodio
- Son fáciles y rápidas de preparar; puedes comerlas crudas, al vapor, en sopa, ensaladas, tacos y licuados

Los 10 vegetales más nutritivos

1 — Apio orgánico

El apio ha sido considerado como uno de los vegetales más completos desde la antigüedad. De hecho, Sócrates (el padre de la medicina), lo consideró el vegetal con propiedades más curativas; este se consumía en forma de jugo por aquellos enfermos que padecían de varias enfermedades como: cálculos renales y biliares, constipación, problemas menstruales en la mujer, desordenes del hígado y de la vesícula.

Con sus crujientes y jugosas características, siempre ha sido uno de los vegetales más populares usado en nuestras cocinas casi diariamente. Este delicioso vegetal está considerado como uno de los más nutritivos y alcalinos para nuestro cuerpo; cada parte del apio es importante, ya sea el tallo, las hojas, la raíz y las semillas, es rico en vitaminas B1, B2, B3, B5, B6, A, C, E y K, rico en ácido fólico, amino ácidos, hierro, fosforo, magnesio y potasio, el cual es vital para el funcionamiento de todos nuestros órganos, especialmente el corazón. El apio es una de las mejores hortalizas, ya que tiene un alto contenido de agua y sodio orgánico, además de ser un gran antiinflamatorio. Si nuestro cuerpo está bajo en sales orgánicas nos vamos a sentir deshidratados. Debemos consumir 4 onzas de jugo de apio diariamente para lograr un balance perfecto, pues así mantendremos nuestro cuerpo completamente hidratado y funcionando magníficamente.

Beneficios del apio para nuestra salud

- Es uno de los mejores antioxidantes
- Ayuda a mejorar nuestro sistema inmunológico
- Ayuda a la prevención del cáncer
- Ayuda a bajar el colesterol
- Ayuda a mejorar la digestión
- Ayuda a prevenir la presión alta
- Calma el sistema nervioso
- Es extremadamente diurético
- Fenomenal para evitar el insomnio
- Muy bajo en calorías y rico en fibra
- Previene la inflamación de los órganos
- Previene la obesidad
- Previene y elimina la formación de cálculos renales y biliares

2 — Brócoli orgánico

Conocido mundialmente por su color, olor, sabor y lo más interesante, su bella flor, la cual nos proporciona varias cualidades tanto nutritivas como curativas. Conocido como "el rey de los vegetales", el brócoli pertenece a la familia del repollo y la coliflor, formando parte de la familia de los crucíferos. El consumo diario de brócoli o brócol nos va a proteger del cáncer, anemia, constipación o estreñimiento, regulando también el equilibrio hormonal y el nivel de los estrógenos en el cuerpo, este vegetal está considerado uno de los más completos por sus contenidos en antioxidantes, vitaminas, minerales y enzimas digestivas, con unas propiedades inmensas ayudando a evitar el envejecimiento celular y protegiendo el sistema inmunológico.

El brócoli se ha utilizado en dietas depurativas, es rico en minerales y adelgazantes por ser muy bajo en calorías y extremadamente nutritivo. Existe una variedad de brócoli muy interesante, que va desde un color rojizo, amarillo, blanco y morado, aunque el más común es el de tallo verde y flor verde oscura azulada. Es rico en vitaminas A, C, E, K y B 1,2,3,5 y 6, calcio, ácido fólico, fosforo, hierro, fibra, magnesio, manganeso, potasio, proteína, omega 3, ácido graso y zinc.

Beneficios del brócoli

- Anti-bacteriano
- Combate la bacteria Pylori en el estómago
- Ayuda a mejorar la diabetes
- Es conocido como el vegetal anticancerígeno más poderoso que existe
- Combate las enfermedades cardiovasculares
- Es considerado como uno de los antioxidantes más poderosos
- Desintoxica las glándulas y las células
- Fortifica nuestros huesos
- Gran anti-inflamatorio
- Incrementa el nivel de testosterona en los hombres

141

- Previene la constipación
- Previene las gripes y resfriados
- Previene la retención de agua en el cuerpo
- Protege nuestro sistema inmunológico
- Protege los ojos de cataratas y degeneración ocular
- Protege la piel contra los rayos solares
- Protege contra el cáncer de intestinos, ovarios, próstata, pulmones, mamas, vejiga y muchos más
- Regenera la piel por el daño causado por los rayos solares
- Rejuvenecedor (ayuda a borrar arrugas y manchas)
- Riquísimo en fibra soluble e insoluble

3 — Diente de león orgánico

Este está caracterizado por tener propiedades curativas y nutritivas mayores que el brócol o brócoli. Es fácilmente reconocido en cualquier jardín del mundo, pues está considerado como una planta maleza que crece fácilmente. Reconocido por su sabor amargo al prepararlo en forma de jugo, cuando lo preparamos con otros vegetales en las ensaladas su sabor es menos amargo. Esta plantita tiene muchas propiedades terapéuticas para nuestra salud, y sus beneficios son maravillosos. Es uno de los mejores tónicos hepáticos, y ayuda a limpiar y desintoxicar nuestro hígado, también posee propiedades anti-cancerosas. Es un antioxidante poderosísimo, rico en vitaminas A, B, C, D y K también en ácido fólico, beta carotina, boro, calcio, cobre, fóliate, fosforo, hierro, magnesio, niacina, luteína, riboflavina, tialina, potasio, selenio y zinc.

Beneficios del diente de león

- Acción laxante
- Actúa como purificador de la sangre
- Ayuda a bajar los niveles de azúcar en la sangre
- Ayuda a prevenir la inflamación y la hinchazón
- Ayuda a la prevención de cáncer de mama, hígado y pulmones
- Ayuda en la reducción de peso
- Facilita una óptima digestión
- Fabuloso rejuvenecedor y sanador de la piel
- Fantástico diurético
- Fenomenal limpiador y desintoxicante del hígado y la vesícula
- Previene la formación de cálculos biliares y renales
- Previene y controla la diabetes
- Previene y cura la anemia
- Reduce el ácido úrico de las articulaciones

4 — Germinados o brotes orgánicos

Los germinados están considerados como unos de los regalos más grandes que la naturaleza nos ha proporcionado, siendo unos de los alimentos más nutritivos, medicinales y más completos que podemos consumir diariamente. Una de las ventajas que estos nos ofrecen es que en su forma de brote son fácilmente digeribles. Son uno de los alimentos más alcalinos y antioxidantes ricos en vitaminas, minerales, proteínas y enzimas digestivas; la gran ventaja de estos germinados es que se pueden cultivar en nuestras cocinas y solamente requieren de 5 a 6 días para poder ser consumidos. Los nutrientes que contienen estos germinados son los siguientes: vitaminas A, B, C, D, E, K, U, azufre, calcio, clorofila, enzimas digestivas, fósforo, nitrógeno, niacina, proteína, oxigeno, sulfato y sodio.

Beneficios de los germinados

- Abundantes fuentes de clorofila
- Aumentan la actividad hormonal
- Ayudan a limpiar y desintoxicar
- Ayudan a la pérdida de peso
- Ayudan al alivio del estreñimiento
- Contienen poderosos antioxidantes esenciales para nuestros cuerpos
- Dan alcalinidad a nuestros cuerpos
- Enormes cualidades anti-cancerosas
- Equilibran la presión arterial
- Grandes propiedades diuréticas
- Previenen los calores causados por la menopausia
- Su procedimiento de germinación es sencillo y económico.
- Proveen oxígeno y nitrógeno para el funcionamiento propio de los órganos

5 — Coliflor orgánico

Una de las flores comestibles más nutritivas, pertenece a la familia de las crucíferas (repollo, coles crespas, coles chinas, brócoli, nabo o rábano y muchas otras). Sus beneficios para la salud son muy similares a los del brócoli, siendo una buena fuente para nuestra alimentación rica en antioxidantes, vitaminas y minerales como vitaminas A, C, y K, beta carotina, riboflavina, potasio, magnesio, sulfuro, selenio, zinc y muchos minerales. Su clase más conocida y popular mundialmente es la de flor blanca, pero también encontramos algunas otras variedades como la flor morada, la flor naranja y la flor verde.

Beneficios del coliflor

- Ayuda a deshacer las células cancerosas de nuestro cuerpo
- Ayuda a desintoxicar el hígado, los riñones y la vejiga
- Ayuda a la pérdida de peso
- Ayuda a la prevención de la artritis y el reumatismo
- Bajo en calorías y riquísimo en fibra
- El consumo diario de uno de estos crucíferos mantendrá el sistema inmunológico fuerte
- Evita la constipación o estreñimiento
- Facilita el proceso de digestión
- Fantástico para la eliminación de toxinas
- Previene el cáncer de vejiga, mamas, intestinos y ovarios

- Protege el sistema cardiaco contra diferentes enfermedades
- Regula la presión arterial alta
- Rejuvenecedor de la piel
- Se puede comer crudo, al vapor, en puré o en sopas

6 — Espárragos orgánicos

Estos fabulosos vegetales provenientes de la familia de los lirios, han sido conocidos por siglos por sus grandes beneficios nutritivos, curativos y afrodisiacos. También son considerados como unos de los vegetales más ricos en folato, ácido fólico y vitamina K, y como uno de los diuréticos más poderosos que existen en la naturaleza. Están catalogados como unos de los más efectivos para bajar de peso y por su particular olor y sabor. Son riquísimos en antioxidantes, vitaminas y minerales como vitaminas A, B2, B3, B6, C, calcio, cobre, hierro, fosforo, folato, magnesio, manganeso, selenio, proteínas y zinc.

Beneficios de los espárragos

- Alivian los cólicos menstruales en las mujeres
- Anticancerosos (cáncer a los pulmones)
- Anti-bacterianos y anti-hongos
- Ayudan a bajar el colesterol
- Ayudan a mejorar el síndrome de fatiga crónica
- Ayudan a disolver los cálculos renales
- Ayudan a la caída del cabello

146

- Ayudan a promover la fertilidad tanto en el hombre como en la mujer
- Ayudan a la desaparición de los mezquinos en la piel
- Balancean los niveles de insulina
- Excelentes diuréticos y previenen la inflamación (laxativo natural)
- Maravillosos para ayudar a curar la depresión
- Previenen la formación de cataratas en los ojos
- Promueven las bacterias amigables en el intestino

7 — Repollo orgánico

El repollo ha sido considerado como "el remedio para los pobres" ya que es uno de los vegetales más baratos que se pueden comprar. Posee propiedades curativas, alimenticias y adelgazadoras. También es muy bien reconocido por sus cualidades anti-cancerosas. Su contenido de agua es de un 80%, facilitando al organismo a cumplir importantes funciones. El repollo está catalogado como un antioxidante fenomenal, con una variedad increíble de vitaminas como: A, B1, B2, B6, C, K y U sus minerales son los siguientes: ácido fólico, azufre, beta carotina, calcio, fosforo, niacina, magnesio, potasio, proteína, y yodo.
Hay dos tipos, que son el verde y el morado, con cualidades muy similares. Hay varios tipos donde elegir, por ejemplo el repollo chino, repollo rizado, repollitos de Bruselas, acelgas y Bok Choy.

Beneficios del repollo

- Activa el sistema inmunológico
- Actúa como un laxante suave
- Ayuda a eliminar el óxido que nos produce el estrés en el cuerpo
- Ayuda a la eliminación de parásitos intestinales
- Ayuda a tener un buen cabello y una piel tersa
- Ayuda al alivio de los dolores artríticos
- Regenera las células
- Ayuda en la regulación del sistema gastrointestinal, nervioso y muscular
- Bajo en calorías por su gran contenido de agua y fortifica y purifica el organismo
- Contiene mucha fibra dietética e hidratos de carbono — nos dan energía y vitalidad
- Por su abundancia de yodo ayuda a la pérdida de peso
- Anti-canceroso (cáncer del intestino y los pulmones)

8 — Pimientos o chiles dulces orgánicos

Son comparados con ornamentos de navidad, por sus particulares formas de campana y sus colores vivos. Sus texturas son crujientes y sus sabores deliciosos, ya sean crudos o cocinados. Son de un sabor dulce y agradable al paladar, se encuentran en diferentes colores: amarillo, naranja, rojo, morado, verde y café, todos ellos nos brindan grandísimos poderes nutricionales y curativos por la gran cantidad de antioxidantes, beta carotina, minerales y vitaminas A, B1, B6, C, E, K, ácido fólico, cobre, calcio, folato fosforo, licopeno, manganeso, magnesio, potasio, y triptófano.

Beneficios de los pimientos y los chiles

- Acción diurética
- Ayudan a la cicatrización de las heridas
- Ayudan a la mucosa gástrica y a la vesícula biliar
- Bajos en calorías, muy recomendables para cualquier dieta
- Contienen más vitamina C que las naranjas, kiwis y tomates
- Los pimentones rojos en especial nos protegen contra las cataratas y la artritis
- Promueven la salud de los pulmones
- Previenen el cáncer de pulmón, intestino y próstata
- Reducen la placa en arterias y venas
- Reducen las tasas de colesterol en la sangre
- Ricos en capsantina, un colorante natural de color rojo
- No son picantes
- Ricos en fibra
- Tienen cualidades analgésicas y calmantes
- Son esenciales para mantener el sistema inmunológico fuerte
- Son fabulosos para desmanchar la piel

9 — Perejil orgánico

Esta hermosa planta verde está considerada como una de las hierbas más potentes, curativas y nutritivas que encontramos en nuestra madre naturaleza. Por lo general ha sido usada como decoración en los platos, pero también es despreciada, pues la gente no se la come, sino que la bota; sin embargo, sus beneficios para la salud son excelentes especialmente si se come cruda.

Es uno de los antioxidantes más potentes. Tiene tres veces más contenido de vitamina C que las frutas cítricas. Caracterizado por su sabor amargo y su particular olor, hay dos clases de perejil: el liso y el crespo, siendo el liso menos amargo. Rico en vitaminas A, B, C, y K. Abundante en clorofila, minerales; cobre, fluoruro, hierro, zinc, magnesio, manganeso, potasio, sodio, y selenio.

Beneficios del perejil

- Afrodisiaco (aumenta el apetito sexual)
- Poderoso Antioxidante
- Anti-bacteriano y anti hongos
- Ayuda a eliminar la flatulencia, facilita la digestión de proteínas y grasas y baja los niveles malos de colesterol
- Ayuda a la eliminación de manchas en la cara
- Ayuda a eliminar tumores
- Anti-inflamatorio
- Diurético

- Purificador de la sangre
- Esencial para el sistema inmunológico
- Previene diferentes clases de cáncer
- Previene la anemia
- Previene problemas cardiovasculares
- Propiedades increíbles para bajar de peso

10 — Zanahorias orgánicas

Las zanahorias están caracterizadas por su fuente inmensa de beta carotina, la cual protege la piel contra el envejecimiento prematuro por culpa de los poderosos rayos solares; también es formidable para mejorar la visión, especialmente en la noche, ideal para prevenir los resfriados y también es una fuente de fibra importante para nuestro organismo. Es considerada un antioxidante indispensable en nuestra nutrición, contiene vitaminas A B1, B3, B6 y K, además de ricos minerales como: fósforo, folato, magnesio, manganeso, y potasio.

Beneficios de las zanahorias

- Importantes antioxidantes para nuestro sistema inmunológico
- Ayudan a mejorar la visión nocturna
- Ayudan a prevenir diversos tipos de cáncer
- Ayudan con problemas digestivos y metabólicos
- Combaten el exceso de gases
- Combaten la anemia
- Eficaces en el tratamiento de hongos y bacterias

- Efectivas para mantener una piel fresca, sana y radiante
- Estimulan la eliminación de toxinas y disuelven los cálculos biliares
- Poseen un gran contenido de fibra
- Previenen infecciones urinarias, ayudando a la perfecta función de los riñones
- Promueven la salud de los pulmones
- Protegen el organismo del envejecimiento prematuro
- Sus tallos son útiles para hacer licuados
- Fáciles de preparar en ensaladas, puré, cocinadas, al vapor, en sopas, en jugos y cruda
- Su fibra se usa como mascarilla para la piel

Suplementos claves

La mayoría de las personas sufren de deficiencias alimentarias, las cuales pueden causar problemas con el tiempo. Si tu alimentación es balanceada y rica en ácidos grasos saludables, aminoácidos, minerales y vitaminas, no vas a sufrir de enfermedades crónicas ni malestares de ninguna especie. Llevando una alimentación balanceada diariamente podrás disfrutar de su fantástica vida.

A continuación, te voy a mencionar cuales son las cosas que puedes suplementar si sabes que no las consumes diariamente, y así tener el balance que necesitas. Tú conoces más tu cuerpo que ninguna otra persona.

Conscientemente sabrás qué te está faltando para poder suplementar tu cuerpo con productos naturales sin aditivos, colorantes o preservantes. Entre más puro sea el suplemento será mucho mejor para tu organismo. Recuerda leer los rótulos de información cuidadosamente.

Minerales

Podemos suplementarlos fácilmente con muchos productos naturales, como la sal de mar del Himalaya, minerales iónicos, algas marinas como la spirulina, dulse, arame, nori, wakame, agar y el fitoplancton, el cual es fenomenal para suplementar toda la gama de minerales.

Vitaminas

Muchos de nosotros estamos deficientes en vitaminas por la falta del consumo de frutas y vegetales, legumbres y hortalizas. Debemos estar pendientes de las vitaminas A, B3, B6, B12, D, y K, ya que lamentablemente es normal estar tremendamente deficiente en ellas, así que por lo general debemos suplementarlas diariamente. La falta de estas vitaminas puede causar tremendas enfermedades y trastornos de salud.

Fibras

La falta de fibra soluble e insoluble diariamente puede traer grandes problemas de constipación. El sistema digestivo sin fibra no funciona de la manera correcta. Como bien te expliqué, la fibra es la encargada de expulsar las toxinas producidas por el cuerpo diariamente.

Probióticos

Son importantísimos en el sistema inmunológico de cada uno de nosotros. Estos se pueden comprar en los supermercados de salud. Debes consumirlos diariamente, pues así obtendrás un balance en las defensas de los intestinos contra cualquier enfermedad.

También estos se encuentran en alimentos fermentados y curados al vivo como el kéfir hecho en leche de cabra o vaca sin haber sido procesada. Entre más puro, fresco y natural sea el probiótico, mejor para nuestra salud. Todos estos probióticos deben estar refrigerados.

— Nota —

En este principio te has enterado de la realidad. Ya sabes muy bien la verdad. Consumiendo diariamente alimentos tóxicos y ácidos para el cuerpo, obtendrás los peores resultados en tu salud con el transcurso del tiempo, lo que irá matándote lentamente. Afortunadamente, ya sabes qué alimentos te sanarán, energizarán y rejuvenecerán poco a poco mejorando tu apariencia tanto externa como interna.

También te informaste de los beneficios y estructuras de las frutas y vegetales más comunes en nuestras cocinas, las cuales poseen grandes cantidades de vitaminas, minerales, ácidos grasos y aminoácidos, lo que nos proporciona una óptima nutrición.

Todo está en tus manos. Eres responsable de tu propia salud y bienestar emocional. Así que, ¡a reemplazar los malos hábitos! No te dejes sabotear ni por ti mismo ni por nadie. Sé fuerte y ámate a ti mismo. El procrastinar no es bueno para nadie.

Principio IV

Muévete

Durante muchas décadas, las sociedades se han caracterizado por ser sedentarias, muchas veces nuestras vidas se vuelven rutinarias, monótonas y mecánicas. Esto va a tener un resultado a largo plazo llamado *obesidad* o *sobrepeso*. La falta de actividad física puede traer muy malas consecuencias. Con mantenernos activos a cualquier edad, mejoraremos la salud con una serie de beneficios a nivel físico, emocional, sexual y social.

Muchas veces se prefiere estar frente a un televisor, computador, oficina, bares, compromisos sociales y otras distracciones que son la excusa perfecta para no hacer nada por nosotros mismos, absorbiéndonos diariamente.

Muchos permanecen sentados todo el día, dependiendo de qué clase de trabajo tengan. Mucha gente prefiere comer en sus escritorios en vez de salir a almorzar al aire libre. El moverse o estar activo es crucial para cualquier ser humano.

Varios estudios científicos han descubierto que la falta de actividad física está ligada a terribles enfermedades crónicas como: obesidad, enfermedades cardiovasculares, diabetes y hasta el cáncer. El moverse o estar activos prolongará nuestros años de vida. Cada vez que estamos activos, segregamos endorfinas las cuales son hormonas que se activan proporcionando grandes beneficios a nuestros cuerpos y mente.

Por favor camina al menos veinte minutos al día; este ejercicio tan simple y natural te ayudará a mantenerte en una condición mucho mejor que el de estar sentado todo un día sin moverte. Así que, ¡a moverte por favor! No importa qué tan joven, gordo, flaco, débil, viejo u obeso seas, así que no hay excusa para no mover la colita.

El sedentarismo te va a destruir y deteriorar tus músculos y articulaciones lentamente, hasta llegar al punto de no poder moverte con facilidad. Esta condición empeorará la calidad de tu vida, especialmente llegando a la tercera edad.

Psicológicamente, la inactividad nos va a afectar al vernos completamente inmóviles, causando varios efectos emocionales como son la depresión, la tristeza, la confusión, el aburrimiento, la desilusión, la pérdida de ánimo por vivir, llegando muchas veces al suicidio.

Nunca es tarde para comenzar a estar activo. No importa la edad que tengas. Cada uno, si quiere, logrará la flexibilidad, tonalidad y musculatura perfecta que siempre ha deseado. Hay que destinar 20 minutos diarios a este objetivo.

Beneficios del ejercicio

- Ayuda a fortalecer nuestros huesos, músculos, tendones, y articulaciones
- Ayuda a la desintoxicación de impurezas por medio del sudor
- Ayuda a mejorar la diabetes tipo 2
- Ayuda a mejorar los problemas de insomnio
- Ayuda a prevenir la hipertensión
- Protege a las personas mayores de la horrible enfermedad llamada osteoporosis
- Ayuda al proceso efectivo de evacuación
- Ayuda con los problemas de salud mental como la depresión leve, la falta de autoestima y muchos más
- Es clave para mantener un peso saludable
- Esencialísimo para la salud del corazón y de los pulmones, ya que oxigena la sangre
- Nos ayuda a ser más conscientes y responsables de nuestra salud
- Nos da vitalidad y energía
- Rejuvenece
- Reduce el estrés diario
- Nos enseña a amarnos a nosotros mismos
- Proporciona una mente clara y tranquila
- Quema la grasa extra de nuestros cuerpos
- Reduce el riesgo de contraer muchísimas enfermedades crónicas

Debes saber cuál ejercicio es el más conveniente y divertido para ti. Es importante escoger el ejercicio que te va a proporcionar más efectividad y alegría.

Muchas personas se registran para diferentes actividades en gimnasios que realmente no les satisfacen, dejándolas un poco frustradas, desilusionadas y adoloridas muscularmente. Lo importante es saber escoger la actividad que realmente te va a motivar por muchos años y así vas a ponerle seriedad, constancia y amor para tener los resultados que deseas.

El ejercicio aeróbico

Este tipo de ejercicio requiere oxígeno. Es uno de los ejercicios más efectivos para poder bajar de peso. El ejercicio físico combinado con una dieta sana es la clave para obtener el peso ideal.

Este tipo de ejercicio te ayudará a quemar calorías y desintoxicar tu cuerpo al sudar. Se ha comprobado que el ejercicio aeróbico es una de las maneras más efectivas de quemar el exceso de grasas en el cuerpo acumulado de una manera increíble por falta de actividad física o por el exceso de calorías consumidas por mucho tiempo.

Se recomienda realizar actividades aeróbicas cinco veces a la semana por un mínimo de 30 minutos. Para hacer más interesante esta actividad física, te recomiendo buscar un compañero al que le guste la misma actividad, así se motivarán mutualmente.

El ejercicio físico o aérobico tiene un efecto beneficial directo en las tres partes importantes de nuestro cuerpo: los pulmones, los músculos y el corazón. El corazón se va a fortalecer de una manera increíble, así este va a proporcionarnos más oxígeno y resistencia al resto del cuerpo, lo que tiene fabulosos beneficios.

Beneficios del ejercicio aeróbico

- Ayuda a controlar el nivel de azúcar en la sangre
- Ayuda a la quema del exceso de grasa o gordura
- Ayuda a mejorar nuestro metabolismo
- Ayuda a promover la circulación de la sangre
- Ayuda a la eliminación de toxinas por medio del sudor
- Ayuda a promover una digestión óptima
- Ayuda a controlar los niveles altos de colesterol
- Ayuda al aumento de masa muscular en el cuerpo
- Ayuda a promover la eliminación del estrés producido diariamente
- Controla la presión arterial alta
- Elimina el exceso de hambre
- Fortalece al corazón y los pulmones
- Las personas que hacen más ejercicio aeróbico tienen una salud mucho mejor
- Rejuvenece
- Reduce la depresión y la tensión asociada con la ansiedad y promueve la relajación
- Reduce los riesgos de presión arterial alta, derrames cerebrales, diabetes tipo 2, enfermedades cardiovasculares, algunos tipos de cáncer, obesidad y osteoporosis

Tipos de ejercicios aeróbicos

Caminar

Considerado como uno de los ejercicios más naturales que podemos practicar diariamente, es saludable y poco intenso, pero efectivo para poder bajar de peso. Este ejercicio está considerado de bajo impacto. Todos lo pueden hacer sin desarrollar ninguna molestia física, desde los niños hasta las personas de la tercera edad.

La intensidad y la distancia puede ser aumentada, todo depende de la condición física de cada individuo. Lo único que requiere esta clase de ejercicio aeróbico es usar zapatos deportivos especialmente diseñados para caminar; este ejercicio se puede realizar a cualquier hora del día y en cualquier parte donde el individuo desee caminar consecutivamente sin parar. Lo importante es elevar las palpitaciones del corazón más de lo normal.

Correr

Caracterizado por su intensidad, velocidad y distancias, es un ejercicio aeróbico de alta intensidad. Quienes lo han hecho por años han adquirido una resistencia y físico increíble. Esta actividad derrite el exceso de grasa rápidamente, transformando el cuerpo de una manera increíble y ayudándonos a tener un estado físico maravilloso, tal como lo vemos en los atletas famosos. En esta actividad puedes quemar más o menos desde 500 a 1000 calorías, dependiendo de la cantidad de millas y de la intensidad con la que entrenes.

La intensidad se consigue a base de práctica y entrenamiento diario. Es indispensable usar zapatos deportivos que tengan una estructura y diseño especialmente para correr. Si no usas el calzado adecuado, puedes sufrir terribles problemas con los pies, las rodillas, tendones, ligamentos y la masa muscular. Debes ser el mejor juez para saber qué distancia y velocidad son adecuadas para evitar problemas serios más tarde. Usa tu discreción y escucha a tu cuerpo.

Bailar

Este tipo de ejercicio ha sido popular desde hace muchos años y es considerado un ejercicio de intensidad alta. Se requiere un buen estado físico pues la mayoría de los bailes requieren saltos, movimientos rápidos, vueltas, equilibrio, coordinación y velocidad.

Este ejercicio se puede gozar más si se trabaja con un instructor, el cual te enseñará técnicas, rutinas y coreografías. Esta ha sido una de mis actividades favoritas desde niña. Nunca es tarde para aprender a bailar. No importa la edad que tengas.

Muchos estudios dicen que el aprender una rutina de baile ayudará a prevenir enfermedades como el alzhéimer, y también está comprobado que ayuda con la depresión y ansiedad social.
Además, perderás peso al practicar tus rutinas los fines de semana bailando en lugares sociales como estudios o clubs de baile. Así que, ¡a mover las colitas!

Ciclismo

Considerado un ejercicio aeróbico de intensidad alta, es muy divertido, pues se realiza al aire libre. Es muy bueno practicarlo en el verano por su beneficio de proporcionarnos aire fresco y vitamina D (proveniente del sol), de la cual muchas veces estamos deficientes en invierno. Puede convertirse en un ejercicio de alto impacto; todo depende de la velocidad, la intensidad y la distancia que el individuo quiera obtener. Todo esto se adquiere practicando y poniendo metas. Importante es usar un buen bloqueador dependiendo la cantidad de horas que estés afuera, todo depende de tu discreción.

Nadar

La natación está considerada como uno de los mejores ejercicios para deshacernos de la grasa no deseada en nuestros cuerpos. Podemos practicar ejercicios aeróbicos, caminar, saltar y estirar todos nuestros músculos sin causar ningún impacto terrible en nuestras articulaciones, tendones o músculos que puedan provocar lecciones terribles. El contacto con el agua nos causa un relajamiento tanto mental como físico. La natación está considerada muy terapéutica para nuestra salud.

Trampolín

Considerado como un ejercicio cien por ciento cardiovascular, saltar o rebotar presta unos beneficios increíbles para ejercitar el sistema linfático. Este ejercicio ha sido practicado con mucho éxito sin causar daños a nuestras articulaciones, ligamentos, huesos y músculos. Considerado un ejercicio de baja resistencia, nos fortalece, desintoxica y rejuvenece nuestros órganos. Una rutina diaria de unos 20 minutos ayudará a mover el sistema linfático proporcionando maravillosos beneficios. Aumentar la intensidad y la duración de este maravilloso ejercicio cada semana que va pasando hasta lograr 45 minutos de duración, nos traerá maravillosos resultados.

Beneficios de saltar o rebotar

- Aumenta la capacidad pulmonaria
- Aumenta la circulación sanguínea del cerebro
- Aumenta la función cardiovascular
- Desintoxica el hígado
- Desintoxica el sistema linfático
- Disminuye el colesterol
- Disminuye la celulitis
- Mejora el equilibrio y la coordinación del individuo
- Mejora la función intestinal
- Oxigena la sangre
- Promueve la pérdida de peso
- Reduce la presión arterial
- Reduce los niveles de estrés
- Rejuvenece las células del cuerpo
- Tonifica la piel y los músculos faciales

Este es uno de mis ejercicios favoritos, pues es divertido, fácil y efectivo para tonificar nuestro cuerpo y sobretodo proporcionarle esos beneficios tan maravillosos sin estresar ni causar ningún daño a nuestro sistema óseo. Se debe usar un mini-trampolín, por ejemplo, mirando televisión o saltando al ritmo de tu música favorita. Se puede elaborar una rutina básica, intermedia o avanzada, todo depende del estado físico de cada individuo.

Estiramiento y flexibilidad

Pesas

Está catalogado como uno de los ejercicios más efectivos para quemar la extra grasa acumulada en el cuerpo. Este se realiza con pesas de diferentes tamaños dependiendo del estado físico de cada individuo. La resistencia se gana con el Tiempo, aumentando el peso poco a poco en las rutinas sin causar daños. Uno de los beneficios más grandes de alzar pesas es el aumento de la masa muscular, lo cual es importante para tener obtener un metabolismo mucho más rápido y efectivo que podrá quemar calorías aun cuando no estemos haciendo ejercicio.

Lo interesante de este ejercicio es que se puede realizar en casa a cualquier hora que podamos. Te recomiendo que contrates un entrenador para que te guíe de la forma correcta respecto a cómo se debe ejecutar cada movimiento de la mejor forma.

Beneficios del entrenamiento con pesas

- Ayuda a mejorar el metabolismo
- Da más seguridad o autoconfianza
- Excelente para la pérdida de peso
- Eleva el estado de ánimo
- Eleva los niveles de energía
- En personas mayores de edad preserva la masa muscular y previene la osteoporosis

- Mejora la coordinación
- Marca los músculos, haciéndolos ver tonificados y atractivos
- Mejora la capacidad de alzar objetos o cosas pesadas
- Mejora la densidad de los huesos
- Reduce el riesgo de enfermedades crónicas

Estiramiento

Este ejercicio siempre ha sido ignorado por la mayoría de nosotros; es importante hacerlo antes y después de cualquier actividad, ya sea aeróbica o de levantamiento de pesas, ya que nos ayuda a evitar lastimar los músculos, tendones, articulaciones y huesos; lo mismo en el proceso de enfriamiento al terminar cualquier ejercicio, muchas personas ignoran estos procesos, lo que genera grandes problemas. Los ejercicios de estiramiento tienen su técnica para realizarlos correctamente, si no es así, corres la posibilidad de lastimar los tendones, ligamentos, músculos y articulaciones.

Al estirar cualquier extremidad no se debe rebotar o tratar de sobre estirar más de la cuenta; este es uno de los errores más grandes que todas las personas cometen muy frecuentemente. El estrechamiento nos beneficia de estar siempre flexibles si lo hacemos debidamente.

Yoga

Un ejercicio maravilloso para el cuerpo, la mente y el alma, considerado uno de los mejores para estirar y flexionar nuestros cuerpos, también es conocido por sus propiedades de desintoxicar y curar el cuerpo y la mente. Originario de la India, su técnica consiste en estiramiento, relajación y respirar adecuadamente, además de la concentración, la cual es importantísima. Existen varios tipos de Yoga y diversas técnicas para practicar esta disciplina, que van desde los ejercicios para principiantes, hasta los más difíciles para los que practican más frecuentemente. La clave más importante del Yoga es la concentración cuando el individuo se encuentra en una pose determinada sin dejar que nada lo perturbe y sin dejar que la conexión mente, cuerpo y espíritu se disipe.

Beneficios del yoga

- Desintoxica todos los órganos
- Extremadamente relajante
- Promueve la pérdida de peso
- Incrementa la concentración
- Mejora la elasticidad y flexibilidad
- Nos ayuda a deshacernos del estrés
- Nos enseña a respirar correctamente, proporcionando gran beneficio a los órganos al oxigenar el cuerpo
- Rejuvenece, dándole a la piel un toque de frescura y tersura

Pilates

Esta es otra clase de ejercicio basado en movimientos y estiramientos con una serie de rutinas que se practican a diferentes niveles dependiendo del estado físico de las personas. Cualquier persona interesada en Pilates lo puede hacer, e incluso los ancianos se pueden beneficiar. Las personas que han hecho estos ejercicios tienen resultados en muy pocas semanas. El Pilates está considerado como una actividad anaeróbica, completamente opuesto a los ejercicios aeróbicos, donde siempre se trabaja el sistema cardo respiratorio. El Pilates proporciona varios beneficios para nuestra salud; uno de estos es trabajar en la fortaleza de nuestro sistema muscular.

Las bases del método Pilates

- Concentración: necesaria para la coordinación de los ejercicios
- Control: el saber controlar las poses y el cuerpo
- Fluidez: la gracia y el ritmo de los movimientos
- Precisión: el método de obtener la perfección de las poses y ejercicios
- Respiración: es vital saber respirar adecuadamente

Beneficios del Pilates

- Alivia los dolores lumbares
- Desarrolla la concentración y atención
- Favorece la agilidad
- Favorece la circulación sanguínea
- Favorece la coordinación
- Favorece la flexibilidad
- Fenomenal para bajar de peso
- Incrementa el desarrollo de los músculos abdominales
- Mejora la condición física y mental del individuo
- Mejora la postura
- Reduce la ansiedad y el estrés

¿Cuál es el ejercicio adecuado?

Para elegir el ejercicio adecuado debes estar seguro de lo que quieres y de lo que realmente te va a proporcionar diversión y alegría, pues si no es así te aburrirás; te sugiero probar varias actividades y encontrar dos o tres favoritas, las cuales puedes intercambiar durante la semana para darle dinamismo.

Mucha gente prefiere ser miembro de clubs de deportes, otros prefieren clases privadas ya sean de tenis, baile, Pilates, Yoga, karate, las cuales son un poco costosas; otras personas prefieren ejercicios básicos y sin ningún costo como: caminar, correr, saltar, nadar, practicar algún deporte, etc., todo depende de la preferencia del individuo y también cuanto quiere gastar anualmente en la actividad que escogió.

— **Nota** —

La importancia de movernos es esencial para cada uno de nosotros, no importa la edad o la experiencia que tengamos. Esta se adquiere con el tiempo, como todo en la vida. Es importante encontrar el tipo de ejercicio que disfrutas más. La duración del ejercicio no debe ser de horas. Lo importante es hacer cualquier ejercicio mínimo 30 minutos. No tenemos la necesidad de convertirnos en fanáticos, pues más tarde pagaremos las consecuencias.

Acuérdate que todo lo que debemos hacer debe tener un balance, de otra forma resultará más perjudicial que benéfico. Muy importante también es tener la técnica correcta para ejecutar cada ejercicio. Por esta razón es importante contratar un entrenador para aprender las técnicas perfectas para poder obtener resultados más efectivos y rápidos. El mover tu cuerpo de una manera diariamente te mantendrá físicamente más joven, ágil, flexible y rápido.

Principio V

Reprograma tu mente

La mente subconsciente y su poder

Estamos frente a una de las herramientas más poderosas que todo humano posee. Cada uno de nosotros lo tenemos trabajando 24 horas sin parar. El subconsciente es una parte de nuestra mente que no vemos. Desafortunadamente no lo podemos controlar, pero si reprogramar con técnicas de autosugestión y visualización.

Al reprogramar nuestras mentes con afirmaciones, meditación, hipnosis y fuerza de voluntad cambiaremos los patrones negativos, lo cual nos liberará y llevará al éxito.

En la mente subconsciente almacenamos toda la información que recolectamos desde bebés hasta el presente; todo lo que experimentamos es impreso inmediatamente en el subconsciente, ya sea bueno o malo. Algunas creencias, opiniones, teorías, sucesos o desengaños de la vida estarán almacenados en esta mente por el resto de nuestra existencia, muchas veces causándonos traumas, fobias, miedo, angustia e incertidumbre, las cuales podemos eliminar o minimizar al saber reprogramar nuestra mente subconsciente.

Muchos estudios dicen que los cerebros de los niños menores de 7 años están llenos de imaginación, listos para un proceso de aprendizaje y desarrollo. Estas experiencias o traumas por las que hayan pasado determinarán las clases de personalidades y comportamientos en cada uno de ellos. Los niños son como esponjas antes de los 7, absorben todo lo que ven, escuchan, leen y miran en todos los medios sociales y hasta de sus propias experiencias.

Cuando los niños ya han pasado los 7 años el proceso de absorción de programas va a disipar un poco; ya no van aprender tan rápidamente como cuando fueron menores de 7, ahora aprenderán con el proceso de repetición, el cual los conduce a desarrollar hábitos. Los hábitos son programas en la mente subconsciente, y estos son guardados en la memoria.

No podemos controlar totalmente el subconsciente, pero lo podemos reprogramar con un plan, un deseo, un propósito, una visualización o una maravillosa sugestión para así lograr lo que queremos y deseamos, ya sea cambiando una creencia errónea, deseando ganar más dinero, atraer la relación perfecta, atraer buenos amigos, atraer la casa o el vehículo de nuestros sueños y atraer hasta lo más imposible que queramos; lo podremos obtener si aprendemos a hacerlo.

Todos nuestros pensamientos tienen el poder de determinar nuestra realidad, por lo que la conexión entre el subconsciente y el consciente es muy importante.

Hablemos ahora un poco de la mente consciente, la cual está localizada en la corteza frontal del cerebro detrás de la frente; la mente consciente es la mente creativa que piensa en tus deseos personales, aspiraciones para una vida mejor, y tal vez tus sueños y otros deseos en general.

La mente consciente puede aprender de diferentes maneras, como leyendo un libro de auto ayuda, asistiendo a una conferencia, mirando un video, etc. Cada uno de estos eventos va a traer diferentes ideas creativas o tal vez lecciones para tu vida.

La mente consciente cambia fácilmente, mientras la subconsciente está diseñada para no cambiar, por ejemplo, el aprender a bailar se convierte en un programa, por esta razón tienes que practicar el baile frecuentemente o se te van a olvidar una infinidad de pasos y tendrás que retomar algunas clases para volver a programarlos. Una vez ya hayas aprendido o refrescado tu mente con los pasos que olvidaste, debes seguir practicando lo que aprendiste para así grabar el programa nuevamente.

Algo particular de la mente consciente es que cuando dormimos, ella no piensa y se pone inactiva, pero cuando estamos despiertos siempre está pensando y recibiendo información. Es la encargada de pensar. Otro ejemplo: te encuentras manejando tu vehículo, y de un momento a otro tu pensamiento se interrumpe por otros pensamientos más, obviamente no vas a parar o dejar de manejar, pues el subconsciente es quien lo está haciendo por ti en ese momento; él toma el control del vehículo. En casos como estos es en donde nos vamos a dar cuenta del poder mental del subconsciente comparado al de la mente consciente.

Pasos para reprogramar el subconsciente

El subconsciente se puede programar únicamente mediante técnicas de visualización y autosugestión. Esta mente está ligada a nuestra mente física y también a la inteligencia infinita. Existen 5 técnicas extremadamente efectivas para poder reprogramar nuestros subconscientes. Uno de los programas más usados es la repetición frecuente, realizada de cinco maneras:

1 — Afirmando en voz alta

Debes crear afirmaciones positivas o *mantras* para reemplazar las creencias o pensamientos negativos y repetirlas en voz alta.

2 — Afirmando por escrito

Escribe afirmaciones positivas para cancelar las negativas. Repítelas dos veces al día.

3 — Creando un tablero de visiones

Esto es muy efectivo, ya que el subconsciente trabaja muy bien con imágenes. Haz una colección de imágenes en un tablero de todo lo que quieres en el futuro, ya sea una casa, el vehículo de tus sueños, el físico deseado y todas las imágenes que reflejen lo que quieres conseguir.

4 — Validación

Esta técnica es efectiva también para validar tus creencias personales. Por ejemplo, si has visto a muchas amistades perder peso y comienzas a creer que "es fácil perder peso", entonces estás aceptando y validando esa creencia.

5 — Simulación

El objetivo de esta técnica es crear un escenario en el cual estás logrando todo lo que deseas de una forma tan real que generarás emociones y sensaciones que se reflejarán en el cuerpo como si estuviese pasando, viviendo la experiencia en el ahora y no en el mañana o el futuro. A esta técnica la llamamos "el poder del ahora".

Reprograma tu mente
con la Ley de la Atracción

Esta ley nos enseña el poder que tienen nuestros pensamientos, ya sean positivos como negativos, consciente o inconscientemente creados en nuestras mentes. Cada situación o experiencia que está pasando en nuestra vida la hemos atraído con los pensamientos. Las imágenes que hemos mantenido en nuestras mentes, o sea lo que está pasando constantemente por nuestras mentes, terminaremos atrayendo (ya sea positivo o negativo).

Los sabios aplicaban esta ley desde los tiempos babilónicos; esta ley lleva muchas décadas en ser estudiada. Fue aplicada por el 1% de las personas en sus épocas, quienes se hicieron más ricas y poderosas.

Una de las maneras más simples de explicar la ley de la atracción, es compararse uno mismo con un imán; lo semejante siempre atraerá a lo semejante. Como seres racionales e inteligentes que somos, debemos tener en nuestros pensamientos lo que realmente queremos, poniendo en nuestros pensamientos lo que deseamos de forma clara. Así esta ley del universo tan poderosa podrá traer esta vibración a cada una de nuestras mentes haciéndose realidad lo deseado.

3 pasos claves para practicar la Ley de la Atracción

Cuando vibramos positivamente llenos de alegría, amando la vida, y cada momento que estamos amándonos a nosotros mismos y a los demás, nuestros pensamientos y emociones están dando una señal importantísima al universo.

Si nos sentimos negativos, deprimidos, pesimistas, envidiosos, celosos y bajo muchas más emociones que nos hagan sentir mal, estamos capacitados para cambiar esa vibración a una frecuencia positiva en cuestión de segundos. Nuestra mente es tan poderosa que lo realizará.

Te voy a dar unos ejemplos: al escuchar tu canción favorita, y sobre todo si la cantas, inmediatamente vas a sentir la diferencia de la energía positiva en tu mente. Otra manera también es pensar en momentos preciados; al bloquear la mente con emociones y pensamientos positivos jamás volveremos a experimentar un momento malo, todo requiere practica y concentración.

Hay tres pasos importantes que debes seguir para que la ley de la atracción pueda ser practicada exitosamente en tu vida:

1 — Pedir lo que quieres

No hay necesidad de pedir lo que uno quiere en sí, simplemente si estás pensando positivamente el universo y la vibración de este se encargaran de todo. El universo no escucha a las palabras; este responde simplemente a lo que estás pensando. Una de las formas más efectivas para que el universo te conceda lo que quieres es la de escribir en una hoja de papel o en un diario precisamente aquello. Siempre escríbelo en tiempo presente.

2 — Espera una respuesta

No te preocupes por una respuesta inmediata; el universo se encargará de llevar a cabo ese paso por ti, todas las fuerzas del universo responderán a los pensamientos o intenciones que has puesto en movimiento. Muchas personas no permiten lo que en verdad quieren porque no pueden ver inmediatamente como se irá a manifestar.
En la caricatura de Aladino y su lámpara mágica, el genio le respondió "tus deseos serán mis órdenes", de esta misma manera va a responder el universo a tus pensamientos ya sean positivos o negativos; será demostrado por el universo que lo que tu pides ocurrirá, y ahí tendrás tu respuesta.

3 — El recibir

Cuando estás realmente consciente de lo que quieres, te vas a sentir maravillosamente entusiasmado, alegre y agradecido, pues estás experimentando ese sentimiento el cual llamamos *pasión por la vida*. Cuando sientes lo opuesto, como miedo, rabia o desesperación, estás indicando que no estás en consonancia con lo que estás pidiendo; en ese momento debes darte cuenta y comenzar a dirigir tus pensamientos.

En lo que pones tu atención, obtendrás. Hemos sido creados como seres eléctricos, emanamos diferentes vibraciones dependiendo de lo que estemos pensando; somos seres con capacidades ilimitadas, esto quiere decir que podremos llegar tan lejos como queramos.

Los pensamientos que mantienes en tu conciencia, ya sean buenos o malos, serán los que vas a atraer. Así que por favor en cualquier situación negativa que estés pasando, no dejes que estos pensamientos absorban tu mente, cámbialos tan pronto como puedas y así no seguirás atrayendo lo mismo.

Las afirmaciones

Las afirmaciones no son más que pensamientos positivos, los cuales por lo general se guardan en la conciencia dándole a la mente la idea de tener un propósito que deseamos realizar. La mayoría de los pensamientos son inconscientes, estos pueden ejercer el control sobre cada uno de nosotros de una forma deliberada, muchas veces actuando en contra de nuestros ideales o propósitos.

La voz o conversación interna con nosotros mismos puede sabotear nuestras vidas completamente. Muchas veces la conversación interna puede ser tan negativa que la terminaremos por creer, por ejemplo, cuando nos criticamos diciendo cosas como:

- No puedo
- No soy atractivo
- Soy un verdadero perdedor
- No merezco esto
- Estoy gordo
- No soy una persona buena

Nuestra conversación interna nos lo verifica, y terminamos actuando con tremenda negatividad, lo que repercute en nuestra autoestima. Desde pequeños hemos estado expuestos a escuchar diferentes clases de afirmaciones dichas por nuestros padres, maestros, amigos y la sociedad en general; todas estas afirmaciones han quedado grabadas en nuestros inconscientes y, sumándolas, forman el resultado de lo que actualmente nuestra vida está atrayendo, lo que realmente no ha sido bueno para nosotros.

La idea principal de hacer estas afirmaciones, es invertir los pensamientos negativos con positivos; por lo general hemos tenido archivados los pensamientos negativos en nuestra consciencia por muchos años y debemos trabajar fuertemente para lograr sacarlos del subconsciente. Usa las afirmaciones como si eso que quieres manifestar estuviese ya ocurriendo en tu vida, no como si fuera algo que viene más adelante o como algo que fuera a pasar en el futuro.

Una de las maneras más fáciles para poder manifestar lo que quieres es comenzando a hacer una lista de lo que no quieres o no te gusta. Después de haber escrito esta lista vas a hacer otra en donde vas a escribir lo opuesto, lo que te gusta y lo que quieres lograr. Escribiendo y visualizando lo que uno quiere, todos los objetivos serán concebidos con el tiempo.

Debemos usar las afirmaciones como si se estuviesen manifestando o pasando en este mismo momento. Siempre debemos usarlas en tiempo presente, y por lo general deben ser cortas. Te voy a dar unos ejemplos de varias afirmaciones.

Como usar las afirmaciones

- Debes encontrar un lugar tranquilo donde no haya mucho ruido
- Enfócate en cada una de estas afirmaciones como si ocurrieran ahora mismo
- Léelas dos veces al día
- No se te olvide agradecer
- Siempre hazlo con mucha fe

Aquí te presento una lista de las afirmaciones que puedes usar diariamente; escoge tus favoritas dependiendo de la que estás pasando.

Afirmaciones para la salud

- Mi energía física y mental es abundante
- Alimento bien mi cuerpo, mi mente y mi alma
- Cada día que pasa me siento más energético y saludable
- Como en porciones pequeñas
- Como saludable y nutritivo
- Cuido mi cuerpo con amor
- Hago ejercicio diariamente
- Irradio energía
- La buena salud se manifiesta en cada célula de mi cuerpo
- Luzco bien
- Me divierto sanamente
- Mi energía vital me conduce hacia el éxito
- Mi vida está llena de alegría
- Mi excelente salud es un gran motivo para celebrar
- Respeto mi cuerpo
- Respiro aire fresco que me hace sentir bien
- Soy ágil en mis movimientos
- Soy bueno con mi cuerpo y mi cuerpo es bueno conmigo
- Tengo buenos hábitos que me proporcionan una salud optima
- Tengo un peso ideal
- Tengo un cuerpo sano
- Todo mi cuerpo vibra de salud y fortaleza
- Vivo agradecido de la salud de mi cuerpo
- Vivo una larga vida llena de salud
- Vivo una vida tranquila

Afirmaciones para atraer dinero

- Amo el dinero
- Amo el trabajo que realizo y me produce abundancia
- Comparto mi dinero con quienes lo necesitan
- Disfruto los privilegios que me proporciona mi riqueza
- El dinero circula libremente por mi vida
- El dinero trabaja para mí
- El dinero viene a mí y a mi familia fácil y frecuentemente
- El universo es ilimitado y hay dinero para todos
- Hoy es mi mejor día financiero
- Invierto con sabiduría
- La riqueza viene a mí en abundancia
- Merezco vivir bien económicamente
- Nací para tener dinero y abundancia
- Nuevas oportunidades están al alcance de mis manos
- Pienso en grande
- Si así lo creo, así será
- Soy como un imán para atraer dinero
- Tengo abundancia ilimitada
- Tengo bien merecida mi riqueza
- Tengo el dinero suficiente para vivir en abundancia
- Tengo mis pagos al día
- Trabajo con pasión y creo mis metas
- Trabajo poco y recibo mucho
- Uso mi riqueza sabiamente
- Vivo en un universo ilimitado

Afirmaciones para el amor entre parejas

- Amo la vida
- Damos gracias a Dios por estar juntos
- Disfrutamos nuestra relación
- El amor viene a nosotros fácilmente y sin esfuerzo
- Gozamos de una vida abundante y próspera
- La felicidad nos invade en cada minuto que compartimos
- Mantenemos la llama de la pasión encendida
- Me amo a mí mismo
- Nos respetamos, amamos y somos felices
- Nuestra actitud frente a las dificultades es ejemplar
- Nuestra vida en pareja es extraordinariamente maravillosa
- Nuestras vidas están llenas de amor
- Nuestro amor es incondicional
- Queremos lo mejor para nosotros
- Razonamos con amor
- Somos el uno para el otro
- Vivimos llenos de paz interior

Afirmaciones para atraer el amor

- Acepto a las personas como son
- Amando, atraigo gente hermosa en mi vida
- Cuando doy amor, recibo mucho más
- Doy y recibo amor alegre y fácilmente
- El amor divino ahora está trabajando a través de mi
- El amor viene a mi fácilmente y sin esfuerzo
- Estoy atrayendo a una persona honesta y cariñosa en mi vida
- Expreso amor a todos los que me rodean libremente
- Irradio amor siempre
- Me amo y me acepto exactamente como soy
- Me permito dar amor
- Merezco todo el amor que llega a mi vida
- Permito que la gente me ame
- Respeto a mi ser amado
- Proyecto amor a cada persona que entra en contacto conmigo
- Respiro amor universal
- Soy cariñoso, afectuoso, paciente y amable
- Soy un centro que irradia amor divino
- Soy un ser radiante que irradia luz y amor

Afirmaciones para una autoestima alta

- Despierto mi tremendo potencial diariamente
- Disfruto mi vida al máximo
- El amor que siento por mí mismo es el mejor regalo que tengo
- Encuentro la solución apropiada para cada obstáculo
- Confío en mí y en la vida
- Enfrento los desafíos con valor, seguridad, optimismo, y confianza en mí mismo
- Estoy seguro de mí mismo y de quien soy
- Estoy seguro que puedo lograr todo lo que me propongo
- Logro todo lo que me propongo
- Me amo y apruebo con todas mis virtudes y defectos
- Me amo y me respeto, por eso hago todo lo que me beneficia
- Me trato con amor y paciencia, especialmente cuando cometo errores
- Soy suficientemente fuerte; no dejo que nadie me haga sentir inferior
- Soy un ser seguro y confiable
- Soy un imán que atrae lo mejor, suerte maravillosa, amor, dinero, hermosas amistades, y excelentes oportunidades
- Soy un ser lleno de energía — siempre cumplo mis promesas
- Soy un ser merecedor de lo mejor que hay en el universo — tengo una misión
- Soy una persona maravillosa, segura de mi misma y la persona más importante en mi vida

Afirmaciones para bajar de peso

- Amo mi cuerpo tal como es
- Cada día controlo mejor mi peso
- Controlo mi apetito de deseos de comida
- Elijo estar delgado, fuerte y saludable
- Elijo pensar positivo acerca de mi cuerpo
- Estoy bajando de peso rápidamente
- Estoy en el proceso de transformar mi cuerpo
- Estoy feliz de estar saludable
- Estoy orgulloso de comer sano y saludable
- Mantengo mi peso ideal fácilmente
- Me encanta sentirme saludable
- Me fascina hacer ejercicio
- Me siento esbelto y atractivo
- Mi cuerpo funciona perfectamente
- Mi metabolismo trabaja cada día mejor
- Mi realidad física es fácil de mantener
- Mis resultados de bajar de peso son fenomenales
- Nutro mi cuerpo con alimentos apropiados
- Tengo mucha fuerza de voluntad
- Yo adelgazo fácilmente sin esfuerzo
- Yo mantengo mi peso ideal de _____libras

Para poder disfrutar de los beneficios de estas afirmaciones, debes escribirlas, decirlas en silencio o en voz alta, recitarlas y hasta cantarlas si lo deseas. Si te propones decirlas por lo menos dos veces al día por diez minutos diarios, todos esos viejos hábitos mentales que creaste en el pasado se revertirán, cambiando tu vida de una manera mágica.

Las afirmaciones positivas son una excelente herramienta para reprogramar el subconsciente, reemplazando todos los pensamientos y criticismo negativo hacia ti mismo por pensamientos positivos. Acuérdate que la repetición es la madre del éxito.

6 pasos para lograr un hábito de pensamientos positivos

1 — Piensa en la intención

Como primera medida, debes pensar en qué quieres hacer con tu vida. Debes hacer una evaluación diariamente, preguntándote cosas tales como: ¿cómo fue mi conducta? ¿Cómo fue mi actitud? ¿Cumplí las metas que tenía para hoy? Estas y muchas más preguntas te ayudarán a manifestar esta intención desde el comienzo del día. También las puedes escribir desde la noche anterior y al final del día te darás cuenta si lograste tus metas o intenciones.

Al final de cada día debes reflexionar sobre cómo mejorar tu vida, o mejor dicho hacer un autoanálisis reflexionando cosas como, por ejemplo: "me gustaría ser más organizado", "me gustaría tener hábitos de vida más sanos", "me gustaría encontrar más paz para conmigo y los demás", "me gustaría ser mejor amigo", etc.

El objetivo es el de crear pensamientos positivos para que te ayuden a ser la clase de persona que desearías ser por el resto de tu vida. Debes imaginar la vida ideal que quieres ¡pide tus deseos y no te limites! Haz cuenta que un hada madrina te va a conceder tus deseos.

2 — Afirmaciones

Una vez que hayas decidido lo que quieres y hasta dónde quieres llegar, comienza a crear las afirmaciones positivas que te van a llevar a lograr esas metas. Acuérdate de que estas afirmaciones se deben decir siempre en tiempo presente como si estuviesen ocurriendo en este preciso momento. Al comienzo de las frases, debes usar: "yo tengo, yo soy, yo merezco, yo quiero"; estas son frases claves para comenzar una afirmación positiva. Entre más cortas y poderosas mejor. Acuérdate que estás reprogramando el subconsciente, el cual creerá cada afirmación que digas produciendo las reacciones físicas y mentales necesarias para lograr lo pedido. Recuerda que al pedir algo con fe y convicción lo conseguirás.

3 — Las afirmaciones deben ser positivas

Siempre debemos estar seguros de decir estas afirmaciones en forma positiva, y deben afirmar lo que queremos ver, sentir, y experimentar, y no lo contrario. Te voy a dar un ejemplo con el estrés: evita decir "no quiero sentir estrés" ya que te estás enfocando en el estrés, lo cual no es positivo. La manera correcta de decirlo sería la siguiente: "estoy en paz", siempre pensando y atrayendo vibraciones positivas.

4 — Las afirmaciones deben contener ideas cercanas a tu realidad

Las afirmaciones positivas siempre van a mejorar la perspectiva de tu vida. Evita afirmar situaciones demasiado lejanas de la realidad, o comenzarás a activar "el juez interno". Un ejemplo: "cada día que pasa estoy mejorando y fortaleciendo mi mente", suena extraño y no muy convincente. Debemos decirlo de esta manera: "estoy aprendiendo de mis errores"; esta frase va a ser más real para el subconsciente. Debemos ser más concretos con lo que afirmamos. Experimentando, podrás encontrar y evaluar la mejor forma para que funcione.

5 — La importancia de repetir

Para lograr un máximo poder con afirmaciones positivas, debes repetir estas diariamente. Muchas veces lo puedes hacer mentalmente en silencio en la mañana y en la noche antes de irte a dormir. Lograrás una máxima efectividad si puedes decirlas en voz alta, así tendrán un efecto mayor pues tú mismo la estarás escuchando.

6 — Utiliza tu creatividad

Una de las formas más prácticas de escuchar estas afirmaciones es grabándolas, así las puedes oír cuando estés realizando una actividad como caminar, correr, haciendo ejercicio en el gimnasio o también en tu automóvil; muchas personas las escuchan en el camino hacia el trabajo o en el autobús, taxi y hasta conduciendo la bicicleta.

Otras formas muy utilizadas son las de escribir notas y colocarlas en un lugar visible, ya sea el baño, el espejo, el refrigerador, la puerta del baño, etc. Lo importante es tenerlas al alcance para leerlas, escucharlas y decirlas en voz alta. Después de haber pasado por una transformación total tanto física, psicológica y emocional, ¡necesitamos auto gratificarnos!

El auto gratificarnos es una de las maneras de mostrar aprecio por nosotros mismos. Esto lo debemos hacer frecuentemente, pues a la mayoría de nosotros se nos olvida. Siempre compartimos nuestros triunfos con amigos, familia, empleados de la misma compañía, pero por lo general casi nunca nos gratificamos a nosotros mismos.

Un buen ejemplo de auto gratificación es cuando estamos entrenando una mascota, y cuando esta obedece y hace todo lo que el amo le ha enseñado, se le recompensa con una galleta canina. También nosotros lo debemos hacer, así que, ¡no seas rudo contigo mismo y gratifícate!

El poder de la visualización

La visualización es una de las herramientas más poderosas para reprogramar la mente. Está asociada con la ley de la atracción, la cual asegura que todo lo que afirmas y piensas será atraído hacia ti.

Al practicar diariamente la visualización, proyectando lo que deseas, vas a tomar tu destino en tus propias manos, diseñando la vida que realmente quieres. La visualización creativa es una sugestión positiva que te llevará más allá de lo que puedes lograr e imaginar.

En esta práctica debes ensayar mentalmente como si ya posees lo que deseas y lo estás viviendo en ese momento, disfrutando cada situación. La visualización te acercará a recursos, situaciones, metas y personas; cuanto más frecuentemente la uses, más cerca estarás de lo que deseas.

Con gran persistencia, intensidad e imaginación conseguirás lo que deseas. Acuérdate que tu mente es lo más poderoso que posees. ¡Nunca dejes de soñar!

3 claves importantes para visualizar

1 — Frecuencia

Entre más frecuentemente lo hagas será mucho mejor; lo ideal sería apenas despiertas y antes irte a dormir.

2 — Claridad

Entre más claras las imágenes que pintes en tu mente, será mucho mejor para que se hagan realidad.

3 — Intensidad

Entre más intensidad sientas, se va creando un anhelo real de obtener la meta o de conseguir lo que deseas.

— Nota —

El tiempo que gastes es importante para visualizar lo que quieres. En tu mente consciente siempre se experimentan situaciones positivas y negativas. El subconsciente toma nota y las almacena sin discriminar lo que sean. Debes visualizar lo que más puedas diariamente, de esta manera llenarás tu mente con imágenes de la vida ideal que deseas o sueñas obtener. Debes hacerlo como si ya lo estás viviendo o consiguiendo, de esta manera la mente subconsciente la va sentir vívidamente. Debes dejar de alimentar tu mente con cosas negativas, sin importar que hayan sido experiencias de frustraciones, fracasos o desilusiones, traumas, rompimientos de corazón y otras cosas negativas del pasado.

No puedes revivir el pasado. Si piensas de esa forma, con seguridad lo volverás a repetir. Cancela completamente el pasado de tu mente, sobre todo si fue muy negativo.

La meditación

La meditación es una gran herramienta en la cual la persona entrena para calmar su mente induciéndola a un modo de conciencia. Esta práctica es usada para conseguir un objetivo, ya sea para desestresar, para enfocarse en algo específico o visualizar algo y hacerlo realidad.

Esta práctica requiere de paciencia, pues no es fácil poner la mente completamente en blanco, ya que nuestras mentes por lo general están llenas de pensamientos, emociones, preocupaciones, miedos, traumas, perspectivas, preguntas, dudas y muchas más cosas que nos ocupan.

Los expertos dicen que las mejores horas para meditar son en las mañanas o en las noches, también puedes meditar en grupo o en solitario, lo cual requiere de mucha más concentración y práctica.

La meditación tiene como resultado momentos de relajación, combate la hipertensión y el estrés ayudando en el campo psicológico proporcionándonos auto seguridad, confianza, fuerza mental, y dándonos un gran poder de concentración y capacidad de desarrollar una memoria eficaz.

Esta práctica estimula la auto corrección proporcionándonos mayor conciencia y creatividad estimulando varias partes de nuestro cerebro asignadas a crear la felicidad que todos buscamos. También estimula nuestro sistema inmunológico haciéndolo mucho más fuerte.

Los beneficios de la meditación

- Aumenta el cociente intelectual
- Alivia el estrés y el insomnio
- Desarrolla la inteligencia emocional
- Mejora la salud mental y física
- Mejora el sistema inmunológico
- Reduce la presión sanguínea
- Relaja el sistema nervioso
- Relaja la tensión muscular y el estrés
- Ayuda a mantenernos más jóvenes
- Mejora la salud interna de cualquier órgano
- Mejora el poder controlar las emociones
- Genera autoestima, motivación, optimismo y autoconfianza
- Libera la mente de dudas
- Aumenta la capacidad de concentración
- Aumenta la capacidad de memorizar
- Aumenta la felicidad y la sabiduría
- Aumenta la materia gris en el cerebro
- Contribuye a la pérdida de peso
- Reduce una cantidad de enfermedades
- Reduce el insomnio
- Reduce el estrés y prolonga nuestra vida
- Reduce la inflamación general del cuerpo
- Reduce los problemas cardiovasculares

Tipos de meditación

- Meditación Budista
- Meditación Transcendental
- Meditación Kabbalah
- Meditación Mantra
- Meditación Chakra
- Meditación Vipassano
- Meditación Sufí

Hay muchos libros sobre la meditación con los que podrás encontrar la clase especifica de meditación que debes practicar. También hay clases en donde aprenderás las técnicas perfectas para realizar una meditación exitosa. Cada vez que quieras comprar un libro, por favor mira sus reseñas. Escoge siempre el que tenga más y mejores críticas.

La hipnosis

La hipnosis es una técnica que permite alcanzar un estado de relajación completa y profunda. Es vista como una condición fisiológica que hace que la persona que está siendo hipnotizada actúe de una manera inconsciente según lo que ordene o diga la persona que es la encargada de llevar el proceso a un final exitoso.

El auto hipnotismo o auto sugestión es uno de los métodos más usados. Muchas veces lo podemos usar positivamente, pero también de forma negativa.

Por lo general está asociada con la repetición de frases, objetivos o actos completamente positivos. Su objetivo más que todo es el de reprogramar y modificar la mente.

Debemos ser un poco cuidadosos con la auto sugestión pues muchas veces podremos sabotear nuestros objetivos, relaciones personales, planes, sueños y diferentes situaciones, ya que si creemos algo negativamente vamos a conseguirlo, pues lo estamos atrayendo mentalmente arruinando completamente nuestras vidas. Así que por favor ten cuidado con tu propia auto sugestión . . .

Los beneficios de la hipnosis

- Ayuda a deshacerse de cualquier adicción
- Ayuda a mejorar la ansiedad y depresión
- Ayuda a combatir dolor
- Mejora el funcionamiento inmunológico del cuerpo
- Mejora situaciones traumáticas y fobias

La hipnosis ha sido una de las técnicas más practicadas en la antigüedad usada como medio de curación. Es una de las mejores herramientas que debes practicar diariamente, especialmente en la noche.

— Nota —

Hay otras técnicas que nos pueden ayudar a reprogramar nuestra mente. La EFT-TLE, o *técnica de libración emocional*, es una técnica muy efectiva y fenomenal pues ayuda a las personas a liberarse de traumas, adicciones, miedos, creencias erróneas y muchos otros bloqueos. Mi próximo libro será basado en esta técnica de liberación emocional, la cual yo misma practico y me gustaría compartir mi conocimiento para hacerla de la forma correcta para cancelar todo lo que causa dolor tanto físico como emocional. Me gustaría también realizar talleres de liberación emocional para poder ayudar a mi comunidad latina a liberarse de todas emociones que nos detienen a seguir adelante.

Conclusión

Llegamos al resumen final de *Transfórmate*.
Espero que este libro te haya guiado, educado e
informado lo suficiente para así tomar la
responsabilidad de transformar tu vida de una
manera fantástica como cada uno lo merece.

Ya sabes la importancia que tienen los
pensamientos y emociones sobre tu salud y cómo
te pueden afectar si mantienes pensamientos
negativos o experiencias que te hayan afectado
traumáticamente. Por eso te entregué una serie
de métodos en este libro. También aprendiste
técnicas para controlar tus emociones.

Debemos aprender a respetarnos para ser
respetados siempre. El adquirir o llegar a tener
una madurez emocional es muy importante para
cada uno de nosotros. Al corregir nuestros
errores o faltas y dar lo mejor por mejorar
estamos madurando y creciendo como las
personas adultas que somos.

La importancia que hay entre la conexión cuerpo
y mente es algo mágico. Todos, si se lo
proponen, llegarán a diseñar una vida maravillosa,
tranquila, positiva, abundante, llena de amor,
armonía y balance en todo sentido; es lo que
todos deseamos por lo general.

Todos los cambios que hagamos deben ser
positivos. Para muchas personas es difícil
cambiar, pues por lo general no quieren o les da

miedo salir de la rutina; es bueno romper esa barrera y hacer los cambios que sean necesarios para así mejorar día a día.

Limpiar, nutrir y balancear tu cuerpo debiese ser lo más importante para ti. La clave para obtener una nutrición óptima es: dejar de comer alimentos procesados, comer alimentos preferiblemente orgánicos, balancear tu nutrición, tomar agua filtrada diariamente, darle a tu cuerpo los alimentos más nutritivos que existen en este planeta para así regenéralo, remineralizarlo y revitalizarlo. El cuerpo y nuestra salud son los regalos más maravillosos que tenemos, por esta razón los debemos valorar más que al oro.

Otra de las cosas importantísimas que aprendiste es a mantenerte en movimiento. Hacer ejercicios diariamente por 30 minutos es lo mínimo recomendable. No importa la edad que tengas, hay que seguir en movimiento. Este es uno de los secretos para vivir más años y de buena manera.

Aprende a amar el ejercicio, el cual es uno de los antidepresivos más naturales que podemos entregarnos diariamente. Así que, ¡a mover las colitas con tus ejercicios favoritos!

Todos necesitamos mejorar nuestros pensamientos y atraer lo mejor posible, así que te animo a practicar diariamente cualquiera de estos maravillosos métodos o técnicas que te ayudarán a conseguir lo que quieres, ya sea visualizando, meditando, o practicando la hipnosis o EFT.

Todas estas herramientas nos ayudarán a diseñar y conseguir lo que queremos; la clave está en que debemos reprogramar nuestros subconscientes de la manera apropiada.

De corazón, agradezco a todos mis lectores por haberse tomado el tiempo necesario para leer este libro. Espero que esta obra les impacte de una manera clara y positiva para poder transformar sus vidas; si lo hice yo, sé que también lo podrán hacer.

El poder inspirar, informar y ayudar a cada uno de ustedes, es una gran satisfacción para mí.
¡Les deseo a todos mis lectores una transformación mágica, tanto mental como física!

Mil gracias.

— Alicia

Próximamente:
Recetas Que Transforman

Me complace anunciarte que estaré lanzando otro libro para complementar *Transfórmate*.

Esta obra lleva como título *Recetas Que Transforman*. Está especialmente creada para que puedas disfrutar de un sinnúmero de deliciosas recetas fáciles de preparar, nutritivas, desintoxicantes, balanceadas, energizantes, con sabores, texturas y colores fenomenales.

¡Sin duda, este libro será tu herramienta ideal para complementar tu transformación desde el interior a lo exterior!

Ordena tus copias de *Transfórmate* y *Recetas Que Transforman* en mi página: AliciaJMiller.com. Estos libros son un gran regalo para transformar la vida de sus familiares, conocidos y amigos.

AliciaJMiller.com

www.ingramcontent.com/pod-product-compliance
Lightning Source LLC
Chambersburg PA
CBHW061255110426
42742CB00012BA/1926